KI-Grundlagen des Prompt Engineering

Jon Adams

INHALT

EINFÜHRUNG

Willkommen bei „KI Grundlagen des Prompt Engineering",
einer Reise in das komplexe Handwerk der Kommunikation mit
künstlicher Intelligenz. Dieses grundlegende Buch markiert den
Beginn einer Reihe, die sich der Kunst und Wissenschaft der
Erstellung von Eingabeaufforderungen widmet, die das KI-
Verhalten präzise und zielgerichtet steuern.

In diesem Band werden Sie als Leser in die Welt des KI-
Dialogdesigns eintauchen und die Fäden entwirren, die
erfolgreiche Interaktionen mit Maschinen miteinander
verbinden. Wir entschlüsseln die Feinheiten der Sprache, die den
Unterschied zwischen einer ins Stocken geratenen und einer
gedeihenden Eingabeaufforderung ausmachen, und erforschen
die Nuancen, wie KI unsere Anfragen und Befehle interpretiert.

Beim Durchblättern dieser Seiten werden Sie die
grundlegende Rolle der Klarheit, die Kraft eines gut platzierten
Wortes und die strukturelle Eleganz eines wohlgeformten Satzes
entdecken. Wir befassen uns eingehend mit den Mechanismen
der Prompt-Erstellung, von den Grundlagen der Syntax bis zur
Bedeutung kontextbezogener Hinweise, und beleuchten den
Weg zu effektiver KI-Kommunikation.

Dieses Buch ist nicht nur eine theoretische Darstellung; Es
handelt sich um einen konkreten Leitfaden voller praktischer
Beispiele, realer Anwendungen und Übungen, die es Ihnen
ermöglichen, Ihr neu erworbenes Wissen anzuwenden. Mit
jedem Kapitel werden Ihre Fähigkeiten im Bereich Prompt
Engineering erweitert, gestützt durch ein neues Verständnis
dafür, wie jedes Element – von der Diktion bis zur
Interpunktion – die Reaktion eines KI-Systems beeinflussen
kann.

„KI Grundlagen des Prompt Engineering" ist Ihr

unverzichtbares Handbuch, egal ob Sie Ihre ersten Schritte in die KI-Welt unternehmen oder Ihr vorhandenes Fachwissen verfeinern möchten. Begeben Sie sich also auf dieses lehrreiche Abenteuer und rüsten Sie sich mit den Fähigkeiten aus, Eingabeaufforderungen zu erstellen, die das Beste aus der KI herausholen.

PROMPT ENGINEERING DEFINIEREN

Prompt Engineering ist das Herzstück der KI-Kommunikation und dient als Brücke zwischen unseren Anweisungen und den Aufgaben, die diese intelligenten Systeme ausführen. Es geht darum, Nachrichten an die KI so zu formulieren, dass die Maschine Ihre Absichten klar erfasst und entsprechend handelt. Man kann sich das so vorstellen, als würde man jemandem, der noch nie zuvor eine Stadt besucht hat, eine detaillierte Karte zur Verfügung stellen – jede Abzweigung und jedes Wahrzeichen muss erwähnt werden, um Verwirrung zu vermeiden.

Betrachten Sie auf dieser Reise jeden Teil der Aufforderung als eine entscheidende Anweisung, die die KI leitet, ähnlich wie Zutaten für den Erfolg eines Rezepts von entscheidender Bedeutung sind. Anstatt Fachbegriffe einzubauen, die das Ganze trüben könnten, besteht das Ziel hier darin, eine einfache, alltägliche Sprache zu verwenden, um einen klaren Weg zum Verständnis zu schaffen.

Warum ist das für Ihre Welt wichtig? Stellen Sie sich vor, Sie führen ein Gespräch mit der KI Ihres Telefons, das sich so natürlich und mühelos anfühlt wie ein Gespräch mit einem Freund – das ist die magische Aufforderung, die die Technik erreichen möchte. Es geht darum, die Frustration durch Missverständnisse zu beseitigen und die Interaktion mit der Technologie so hilfreich zu gestalten, wie sie immer sein sollte.

Wenn wir die Schichten dieses Prozesses abstreifen, ist es, als würden wir durch einen Garten gehen und sehen, wie jeder Teil gepflegt wird. Das Ergebnis – eine lebendige, blühende Darstellung von Gesprächen, die sich menschlich anfühlen, weil

7

sie auf menschliches Denken ausgerichtet sind. Dabei geht es nicht nur darum, einer Maschine Anweisungen zu geben; Es geht darum, einen Dialog zu schaffen, bei dem Ihre Stimme gehört und verstanden wird.

Prompt Engineering ist ein sorgfältiger Prozess, der dem Programmieren ähnelt, jedoch mit einer konversationellen Wendung versehen ist. Zunächst ist es wichtig zu verstehen, was eine „Eingabeaufforderung" ist – es handelt sich um die Eingabe eines Benutzers in ein KI-System, etwa eine Frage oder einen Befehl. Ähnlich wie bei der Bereitstellung spezifischer Anweisungen an ein Autopilotsystem müssen die Eingabeaufforderungen detailliert und eindeutig sein, damit die KI richtig agieren kann. Das Ziel besteht darin, diese Eingabeaufforderungen so zu gestalten, dass sie sich auf die beeindruckenden Datenverarbeitungsfähigkeiten der KI konzentrieren und Antworten fördern, die ins Schwarze treffen.

Um es weiter aufzuschlüsseln, betrachten Sie den Prozess der Bestellung eines maßgeschneiderten Anzugs. Sie würden dem Schneider nicht einfach sagen: „Machen Sie mir einen Anzug." Es gibt Maße, Stoffauswahl und Stilüberlegungen. Beim Prompt Engineering sind Sie der Kunde und die KI der Schneider. Präzision in der Kommunikation macht den Unterschied zwischen einem Anzug, der perfekt passt, und einem Anzug aus, der weder Stil noch Passform aufweist.

Jedes Wort in einer Eingabeaufforderung ist wie ein Zahnrad in einem Uhrwerk – es muss genau sein, um richtig zu funktionieren. Worte werden nicht wegen ihrer Pracht gewählt, sondern wegen ihrer Klarheit und Absicht. Der Prozess umfasst Tests und Wiederholungen. Es ist ein bisschen so, als würde man ein Foto bearbeiten, bis es scharf ist; Sie passen Kontrast, Helligkeit und Fokus an, bis das Bild klar ist. Hier ist das Bild die gewünschte KI-Reaktion und Ihre Bearbeitungswerkzeuge sind die von Ihnen ausgewählten Wörter und Strukturen.

Stellen Sie sich für einen Moment die Bonsai-Technik vor – es ist eine Übung im sorgfältigen Beschneiden und Formen, um die gewünschte Ästhetik zu erreichen. In ähnlicher Weise erfordert Prompt Engineering die Reduzierung überschüssiger Informationen und die Lenkung des Wachstums der „Verstehenszweige" der KI in bestimmte Richtungen. Das Ergebnis ist eine KI, die die tatsächlichen Bedürfnisse des Benutzers nicht nur versteht, sondern synchron mit ihnen reagiert.

Die Realität beim Prompt Engineering ist, dass es nicht nur um intelligentes Vokabular, sondern vielmehr um intelligente Kommunikation geht – einen kontinuierlichen Dialog mit einer KI, der Schritt für Schritt verfeinert wird, um Ergebnisse zu erzielen, die Anklang finden. Es geht nicht nur darum, das Was, sondern auch das Warum hinter KI-Reaktionen zu verstehen. Jede Anpassung, jedes sorgfältig ausgewählte Wort bereitet die Bühne für eine Interaktion, die sich eher wie ein Gedankenaustausch anfühlt als wie eine Maschine, die einen Befehl ausführt.

Die Klarheit der Ausgabe hängt vor allem von der Klarheit der Eingabe ab. Da wir KIs immer mehr Aufgaben anvertrauen, wird die subtile, aber bedeutende Kunst des Prompt Engineering zum Grundpfeiler unserer Kommunikation und stellt sicher, dass unsere hochentwickelten digitalen Hilfsmittel nicht nur hören, sondern auch zuhören und verstehen. In einer Welt, die zunehmend von digitaler Intelligenz geprägt ist, stellt die Beherrschung dieses Dialogs sicher, dass wir jederzeit richtig gehört werden.

Werfen wir einen genaueren Blick auf den komplizierten Prozess des Prompt Engineering. Im Grunde geht es bei dieser Vorgehensweise um die sorgfältige Erstellung von Anweisungen, denen die KI folgen kann. So wie ein Gärtner Samen in gut vorbereitete Erde pflanzt, pflanzt ein Ingenieur, der schnell arbeitet, Fragen oder Befehle, die darauf ausgelegt sind, von einer KI in die richtigen Aktionen oder Antworten umgewandelt zu werden.

Wir beginnen mit der Auswahl der richtigen „Samen" – Schlüsselwörter –, die am wahrscheinlichsten im „Garten" der KI gedeihen. Dies sind die Kernkonzepte, die für die jeweilige Aufgabe relevant sind. Dann ist da noch die „Bodenvorbereitung" – die Strukturierung der Anfrage. Dabei geht es darum, die Schlüsselwörter innerhalb eines Satzgerüsts anzuordnen, das für die KI sinnvoll ist, ähnlich wie man die Gestaltung eines Gartens für optimales Wachstum organisieren könnte.

Verschiedene „Varianten" der KI – diese unterschiedlichen Modelle und Algorithmen – bevorzugen möglicherweise bestimmte „Bodenarten" oder „Klimabedingungen". Für einige benötigen Sie einfache, sonnenbeschienene Anweisungen, während andere mit etwas mehr Schatten gedeihen und indirekte oder kontextbezogene Anweisungen benötigen, um die besten Früchte zu produzieren. Und genau wie im Gartenbau müssen wir auf die Bedingungen reagieren – indem wir testen und verfeinern, um sicherzustellen, dass die Aufforderungen genau richtig sind.

Wir betten auch kontextbezogene Hinweise in unsere Eingabeaufforderungen ein. Stellen Sie sich diese als die Nährstoffe vor, die dabei helfen, das Wachstum der KI-Reaktion zu steuern. Möglicherweise sind Hintergrundinformationen oder ein bestimmter Antwortstil erforderlich. Dies verrät der KI mehr darüber, wonach wir suchen, ähnlich wie der richtige Dünger eine Pflanze dazu anregt, süßere Früchte oder leuchtendere Blüten zu tragen.

Prompt-Ingenieure verfügen über eine Reihe von Techniken, um ihre Prompts zu optimieren, ähnlich wie die Schere und der Spaten eines Gärtners. Sie könnten eine Plattform verwenden, die visualisiert, wie die KI

Eingabeaufforderungen verarbeitet, oder sie könnten Antworten über einen längeren Zeitraum protokollieren, um zu verstehen, was am besten funktioniert. Jedes Tool hilft ihnen dabei, die Ergebnisse der KI so zu gestalten, wie ein Gärtner seinen Formschnitt gestaltet – um die Absicht des Benutzers zu erfüllen.

Stellen Sie sich eine KI vor, die bei der Verarbeitung einer Eingabeaufforderung durch einen Entscheidungsbaum navigiert. Jeder Knoten oder Verzweigungspunkt bietet eine Auswahl: Ist dieses Wort bedeutsam oder ist diese Phrase der Schlüssel? Bestimmte Wege führen direkt zur gewünschten Aktion; andere kehren möglicherweise zurück oder benötigen zusätzliche Informationen. Die Überwachung dieser Pfade hilft Ingenieuren zu verstehen, welche Zweige im Baum am fruchtbarsten sind, und führt die KI entlang dieser bevorzugten Routen für eine erfolgreiche Aufgabenausführung.

Wie wichtig ist das? Da KI immer stärker in unser tägliches Leben integriert wird, stellen diese Techniken sicher, dass wir so natürlich wie möglich mit der Technologie interagieren können. Das bedeutet weniger Frustration, effizientere Unterstützung und das Gefühl, dass unsere intelligenten Geräte wirklich „verstehen", was wir sagen. Das ist das Ziel – den Umgang mit KI zu einer aufschlussreichen und hilfreichen Erfahrung zu machen, genau wie ein Gespräch mit einem versierten Freund, der immer bereit ist, zu helfen.

Stellen Sie sich vor, Sie sitzen in einem lebhaften Café und nippen an Ihrem Lieblings-Latte, während ich mich vorbeuge, um Ihnen ein faszinierendes Geheimnis der digitalen Welt zu erzählen. Wissen Sie, wie ein Orchester ein Klangteppich webt, bei dem jeder Musiker im perfekten Moment genau die richtige Note beisteuert? Das ist im Wesentlichen das, was beim Prompt Engineering passiert. Es ist, als würde man ein Stück komponieren, bei dem jedes Wort eine Note ist, die sorgfältig platziert wird, um mit der KI einen Nerv zu treffen.

11

Stellen Sie sich eine Eingabeaufforderung wie eine Partitur vor und die KI als einen begabten, aber präzisen Pianisten. Ihre Aufgabe besteht darin, dieses Notenblatt so zu komponieren, dass beim Abspielen durch die KI genau die Melodie erzeugt wird, die Sie gerade im Kopf summen. Wenn Sie nach der Melodie eines windigen Sommertages fragen, braucht der KI-Pianist die Partitur, um diese luftigen Melodien hervorzurufen, ohne dass die vereinzelten Töne eines Gewitters auf ihn hereinrollen.

Es ist, als ob Sie in Ihrer Küche versuchen würden, das berühmte Keksrezept Ihrer Oma zu zaubern. So wie Sie das richtige Gleichgewicht zwischen Zucker und Gewürzen benötigen, brauchen wir auch bei Aufforderungen das Gleichgewicht zwischen Klarheit und Spezifität. Wenn Sie eine Prise verpassen, werden die Kekse – oder in diesem Fall die Reaktion der KI – nicht der vertraute Leckerbissen sein, den Sie erwartet haben.

Und warum beschäftigen wir uns mit dieser sorgfältigen Herstellung? Nun, genau wie die Freude, eine komplexe Symphonie zum Leben zu erwecken oder den perfekten Keks zu genießen, erschließen fachmännisch entwickelte Eingabeaufforderungen das Potenzial der KI, uns bei unseren täglichen Aufgaben zu helfen, unsere brennenden Fragen zu beantworten und uns sogar Gesellschaft zu leisten, genau wie ein alter Freund der im Gespräch nie den Ton auslässt.

Wenn Sie also da sitzen, Ihre Tasse halten und über die Maschen der KI-Kommunikation nachdenken, wissen Sie, dass es sich um eine komplizierte, aber dennoch zugängliche Melodie handelt, die so abgestimmt ist, dass die Technologie unsere Sprache spricht und die Interaktion nicht nur hilfreich, sondern auch angenehm ist. wie unser kleiner, kaffeegeladener Plausch hier.

Hier erhalten Sie einen tieferen Einblick in den schrittweisen Prozess des Prompt Engineering, wobei der Schwerpunkt auf Schlüsselelementen liegt, die bei der Formulierung von Prompts für ein KI-System berücksichtigt werden müssen:

- Identifizieren des Ziels oder der anstehenden Aufgabe

- Der erste Schritt besteht darin, klar zu definieren, was die KI mit Ihrer Eingabeaufforderung erreichen soll. Es ist wichtig, das Endziel zu kennen.

- Mögliche Ergebnisse :

- Seien Sie sich der verschiedenen möglichen Ergebnisse bewusst, die sich aus Ihrer Eingabeaufforderung ergeben können, und stellen Sie sicher, dass die Formulierung die KI zum gewünschten Ergebnis führt.

- Auswählen von Schlüsselwörtern und Phrasen

- Wählen Sie relevante und spezifische Begriffe, die das Wesentliche Ihrer Anforderungen an die KI wiedergeben.

- Keyword-Wichtigkeit :

- Jedes Schlüsselwort fungiert als Wegweiser für die KI und gibt die Richtung und den Fokus vor, die den Verlauf ihres Entscheidungsprozesses bestimmen.

- Strukturierung der Eingabeaufforderung

- Konstruieren Sie Ihre Eingabeaufforderung so, dass sie mit dem Sprachmodell der KI übereinstimmt und so deren Verständnis und Antwortgenauigkeit verbessert.

- Auswirkungen der Struktur :

- Unterschiedliche Formulierungen können von der KI variabel interpretiert werden. Beispielsweise könnte ein Befehl, der deklarativ („Erzähl mir von...") oder fragend („Was weißt du über...?") strukturiert ist, zu unterschiedlichen Antworten führen.

- Testen und Verfeinern der Eingabeaufforderung

- Messen Sie die Präzision und Angemessenheit der Reaktionen der KI auf Ihre ersten Aufforderungen und passen Sie sie entsprechend an.

- Iterative Verbesserung :

- Dies erfordert einen Zyklus von Analyse und Anpassung. Wenn eine KI eine Eingabeaufforderung falsch interpretiert, prüfen Sie, wo sie abgewichen ist, und passen Sie die Wortwahl oder Struktur an, um sie wieder auf den richtigen Weg zu bringen.

14

- Einbeziehung kontextbezogener Informationen

- Der Kontext verleiht Ihren Eingabeaufforderungen Tiefe und erleichtert der KI ein differenzierteres Verständnis.

- Mit dem Kontext ändern :

- Der Kontext kann die Reaktion der KI erheblich verändern. Beispielsweise kann die Einbeziehung der Tageszeit in eine Anfrage nach einer Wettervorhersage bestimmen, ob die KI das aktuelle Wetter oder die Vorhersage für einen späteren Zeitraum präsentiert.

Diese Punkte sind wesentlich für ein fundiertes Verständnis der Komplexität des Prompt Engineering. Jedes Element beeinflusst die Verarbeitung und Leistung der KI und unterstreicht, dass Präzision in Sprache und Unterricht unerlässlich ist. Durch die Beherrschung dieser Schritte etablieren wir eine klarere Kommunikationslinie mit KI und ermöglichen reibungslosere Interaktionen und angemessenere Reaktionen. Denken Sie daran, dass das Ziel trotz der Komplexität einfach ist: Eingabeaufforderungen zu erstellen, die zu einer effektiven, direkten und klaren Kommunikation mit KI-Systemen führen.

Prompt Engineering nutzt das verworrene Netz der Interaktionen mit künstlicher Intelligenz und vereinfacht es so, dass Geräte wie digitale Assistenten, Kundendienst-Bots und Suchmaschinen es leicht verstehen und darauf reagieren können. Betrachten Sie es als den Unterschied zwischen dem Versuch, ein Puzzle in einem schwach beleuchteten Raum zusammenzusetzen, und dem Versuch, ein Puzzle direkt auf die Teile zu richten.

Beim Erstellen von Eingabeaufforderungen ist es so, als würden Sie klare, prägnante Anweisungen für diese Technologien festlegen. Ein digitaler Assistent wie Siri oder Alexa zum Beispiel folgt nicht einfach nur Befehlen – er interpretiert Ihre Worte, als würde er einen Code entschlüsseln. Je klarer der Code, desto schneller werden die richtigen Aktionen freigeschaltet. Anstatt allgemeine Ergebnisse auszuspucken, können diese Geräte dank Prompt Engineering Antworten liefern, die genau auf Ihre Anfrage zugeschnitten sind, unabhängig davon, ob Sie nach dem Wetter fragen oder eine Erinnerung planen.

Kundenservice-Bots verfolgen einen ähnlichen Weg, aber hier werden sie durch schnelles Engineering von frustrierend zu funktional. Möglicherweise sind Sie auf Bots gestoßen, die scheinbar Ihre Frage umkreisen, ohne jemals zu landen. Gut konstruierte Eingabeaufforderungen ändern dieses Flugmuster. Sie sind die Leuchtfeuer, die die Bots zum Kern Ihres Problems führen und es ihnen ermöglichen, es effektiv zu lösen, ohne Zirkelgespräche.

Bei Suchmaschinen ist jedes Wort, das Sie eingeben, mehr als nur ein Suchbegriff – es ist ein Signalsignal. Die zugrunde liegende KI nutzt Ihre Eingabeaufforderung, um den riesigen Ozean des Internets zu durchforsten. Indem Sie Ihre Suchbegriffe mit der Präzision einer meisterhaften Abfrage erstellen, sagen Sie der KI genau, wohin sie ihr Netz auswerfen soll. So erhalten Sie schnell punktgenaue Ergebnisse, ohne sich durch irrelevante Seiten zu wälzen.

Lassen Sie uns dieses Konzept in einen Schnappschuss aus dem wirklichen Leben verpacken. Stellen Sie sich vor, Sie kommen zu spät zu einem Meeting und müssen einen schnellen Weg finden. Mit der richtigen Eingabeaufforderung kann Ihr KI-Assistent unter Berücksichtigung des aktuellen Verkehrs die besten Optionen aufrufen und Sie in kürzester Zeit auf den Weg bringen. Das ist schnelles Engineering am Werk – es verhindert eine potenzielle Informationsflut und liefert Ihnen genau das, was Sie brauchen, und zwar sofort.

Das ist die Essenz des Konzepts, aufgeschlüsselt: präzise Kommunikation, die zu präzisen Handlungen führt. Wir extrahieren das Wesentliche, ohne in Fachjargon einzutauchen, und machen deutlich, dass jeder Teil des Satzes, den wir einer KI sagen oder eingeben, das Ergebnis beeinflusst. Jedes Detail ist wichtig, wie die richtigen Zutaten in einem Rezept, um das gewünschte Endprodukt zu erzielen.

Als Zeugen sowohl der Macht als auch der Einschränkungen dieser Interaktionen verstehen und schätzen wir, was diese Technologie leisten kann und was nicht. Es handelt sich um eine dynamische Leinwand, auf der ständige Weiterentwicklungen die Möglichkeiten ständig erweitern.

Das Ergebnis? Sie haben eine umfassende Vorstellung davon, wie schnelle Technik Ihr Leben beeinflusst, und sind bereit, Ihren nächsten KI-Austausch mit einem neuen Verständnis dessen zu meistern, was sich unter der Haube verbirgt – ein klarer Sieg im Bereich der Mensch-KI-Kommunikation.

In der Kunst des Prompt Engineering ist die Bestimmung des Endziels des Benutzers ein Ausgangspunkt, der von entscheidender Bedeutung ist, ähnlich wie die Bestimmung des endgültigen Ziels vor dem Zeichnen einer Route auf einer Karte. Die Absicht besteht hier nicht darin, durch Möglichkeiten zu schlängeln, sondern den direktesten und effizientesten Weg zum gewünschten Ergebnis zu finden – einer präzisen und umsetzbaren KI-Reaktion.

Die Reise geht weiter mit der Erstellung des ersten Seed-Prompts, der eine sorgfältige Auswahl der Schlüsselwörter erfordert. Diese werden nicht zufällig ausgewählt, sondern sind ebenso entscheidend wie der richtige Code für das Schloss eines Safes – sie müssen in das Verständnis der KI eingreifen, um die richtigen Antworten auszulösen. Auch die Formulierung ist folgerichtig; Der Satz muss mit Mustern übereinstimmen, die die KI erkennen soll – ähnlich wie jemand, der einen Dialekt versteht.

Stellen Sie sich nun den iterativen Prozess des Aufforderns so vor, als würde eine Klinge bis zur Perfektion geschliffen. Sie testen den Rand (die Eingabeaufforderung), sehen, wo er ins Stocken gerät, nehmen einige Anpassungen am Winkel vor (Schlüsselwörter und ihre Reihenfolge, Satzformalität) und testen erneut. Die Parallele zur Programmierung liegt im Debuggen. Jeder Schritt verrät mehr darüber, was am besten funktioniert, ähnlich wie das Erkennen von Fehlern in einem Code und deren systematische Beseitigung.

Lassen Sie uns dies anhand von Pseudo-Eingabeaufforderungen veranschaulichen:

- Erste Aufforderung: „Sagen Sie mir das Wetter."

- Die Antwort ist zu weit gefasst. Möchte der Benutzer das heutige Wetter, eine wöchentliche Vorhersage oder das Klima eines bestimmten Standorts?

- Verfeinerte Eingabeaufforderung: „Wie ist die heutige Wettervorhersage für New York City?"

- Diese gezielte Eingabeaufforderung liefert der KI präzise Parameter: „Heute" gibt die Uhrzeit an, „Wettervorhersage" definiert die Art der Informationen und „New York City" legt den Standort fest. Die Reaktion wird fokussiert und relevant.

Wenn es um den Kontext geht, stellen Sie sich das so vor, als würden Sie einem Freund ein Buch schenken. Allein der Titel mag neugierig sein, aber wenn Sie mitteilen, warum Sie ihn für sie ausgewählt haben – den Kontext –, wird Ihre Wahl wertvoller und klarer. Beim Prompt Engineering ermöglicht der Kontext der KI, Erkenntnisse zu gewinnen, die mit Rohdaten allein nicht möglich wären. Es ist der Unterschied zwischen einer langweiligen wörtlichen Antwort und einer Antwort, die subtile Nuancen widerspiegelt.

Berücksichtigen Sie den Einfluss des detaillierten Kontexts auf KI-Schlussfolgerungen. Durch die Anpassung der Eingabeaufforderungsparameter optimieren wir die interpretative Linse der KI:

- Basisaufforderung: „Spielen Sie Jazzmusik."

-   Kontextbezogene Aufforderung: „Spielen Sie entspannende Jazzmusik für meine Morgenroutine."

– Jetzt könnte die KI eine Playlist auswählen, die zu den Morgenstunden passt und eine beruhigende Atmosphäre hat, was beweist, dass der Kontext die Reaktion erheblich verschiebt.

Zusammenfassend lässt sich sagen, dass das Handwerk des Aufforderns ein Ballett aus Logik und Technik ist – eine Kollision menschlicher Bedürfnisse mit maschinellen Fähigkeiten. Wie man so schön sagt, steckt der Teufel im Detail, und promptes Engineering ist da keine Ausnahme. Jedes Detail spielt eine Rolle bei der Gestaltung des Gesprächs zwischen uns und der KI, was es ebenso spannend wie herausfordernd macht. Der Schlüssel zum Mitnehmen? Mit den richtigen Aufforderungen orchestrieren wir die Technologie, um die von uns gewünschten Tänze aufzuführen.

Das Verständnis des Handwerks des Prompt Engineering

19

beginnt mit dem Erkennen einer einzigartigen Kombination von Fähigkeiten, die es Praktikern ermöglichen, herausragende Leistungen zu erbringen. Erstens ist da die sprachliche Präzision – eine Fähigkeit, die mit der sorgfältigen Messung jedes Balkens eines Bauwerks durch einen Architekten vergleichbar ist. Hierbei handelt es sich um die Verwendung von Sprache mit der Genauigkeit eines Chirurgen, der sicherstellt, dass jedes Wort einen Zweck erfüllt, so wie jeder Balken ein Gebäude trägt. Es gibt keinen Platz für flauschige Sprache oder Mehrdeutigkeiten; So wie Streumessungen die Integrität eines Gebäudes gefährden können, kann eine ungenaue Sprache eine KI-Eingabeaufforderung wirkungslos machen.

Stellen Sie sich einen erfahrenen Linguisten vor, der Wörter sowohl mit Bedeutung als auch mit Absicht verwendet. Das ist die Art von Ansatz, die hier benötigt wird. Jeder Begriff wird aufgrund seiner Fähigkeit ausgewählt, die KI auf einem vordefinierten Weg zu führen, so wie ein Wegweiser Reisende zu ihrem Ziel führt; Es muss sofort klar gesehen und verstanden werden.

Denken Sie nun an Empathie, bei der es in diesem Zusammenhang nicht um eine Umarmung oder ein herzliches Gespräch geht, sondern darum, sich in die Lage des Benutzers zu versetzen. Es ist, als würde man ein Werkzeug entwerfen, das perfekt in der Hand liegt. Sie müssen verstehen, wie sich diese Hand bewegt und was sie zu tun beabsichtigt. Beim Prompt Engineering müssen Sie die Bedürfnisse des Benutzers antizipieren, manchmal sogar bevor er sie vollständig artikuliert hat. Diese Eigenschaft stellt sicher, dass die erstellten Aufforderungen nicht nur effektiv sind, sondern auch beim Benutzer persönlich Anklang finden, ähnlich wie bei einem gut ausgewählten Geschenk.

Dann gibt es ein differenziertes Verständnis der KI-Fähigkeiten. Dabei geht es nicht nur darum, zu wissen, was KI leisten kann, sondern auch darum, die Feinheiten zu kennen, wie

20

sie Informationen verarbeitet. Stellen Sie sich das so vor, dass Sie nicht nur wissen, dass ein Auto fahren kann, sondern auch, wie sein Motor funktioniert und was es beschleunigt oder bremst. Dieses Verständnis ermöglicht es Prompt-Ingenieuren, Prompts zu erstellen, die die Stärken einer KI ausnutzen, ähnlich wie ein Rennfahrer, der in einer Kurve die beste Linie wählt.

Übertreffen Sie diese Bereiche und Sie werden in der Lage sein, den Tanz zwischen menschlichen Anfragen und maschinell ausgeführten Aktionen zu choreografieren. Ein kompetenter Prompt-Ingenieur bewirft eine KI nicht einfach nur mit Worten. Stattdessen gestalten sie jeden einzelnen Auftrag so, wie ein Meisterjuwelier Diamanten schleift – mit Liebe zum Detail und einem Auge für das endgültige, glitzernde Ergebnis. Diese Finesse stellt sicher, dass jede Mensch-KI-Interaktion so reibungslos verläuft wie ein Gespräch zwischen alten Freunden. Indem jedes Konzept methodisch aufgeschlüsselt wird und die Nuancen wie Teile einer gut geölten Maschine angeordnet werden, erhält man einen deutlichen Einblick in die Welt des Prompt Engineering – eine Welt, in der KI nicht nur zuhört, sondern auch versteht.

Werfen wir einen tieferen Blick auf das Thema Prompt Engineering und erläutern wir es Schicht für Schicht klar und deutlich. Im Kern geht es beim Prompt Engineering um die sorgfältige Auswahl von Wörtern und Strukturen, um effektiv mit KI zu kommunizieren.

Bedenken Sie die sprachliche Präzision – hier betrachtet ein Ingenieur, der schnell arbeitet, die Sprache durch eine mikroskopische Linse. Jedes Wort hat Gewicht, so wie die Materialien, die ein Architekt bei der Planung eines Gebäudes wählt. Man muss sowohl das semantische Gewicht – was das Wort bedeutet – als auch das syntaktische Gewicht – wie das Wort innerhalb eines Satzes funktioniert – berücksichtigen. So wie ein Ingenieur Stahlträger für maximale Unterstützung auswählt, wählt er Wörter aus, die die Last einer klaren

Kommunikation tragen. Beispielsweise mag die Wahl zwischen „unterstützen" und „helfen" unbedeutend erscheinen, aber für eine KI könnte das eine eine formellere, professionellere Reaktion auslösen, während sich das andere beiläufig anfühlt.

Auch die Syntaxreihenfolge ist von großer Bedeutung. Ein Satz im Passiv – „Der Ball wurde vom Jungen geworfen" – kann eine KI mehr verwirren als der direkte, aktive Satz „Der Junge hat den Ball geworfen." Dies liegt daran, dass KI Informationen häufig in der Reihenfolge verarbeitet, in der sie sie erhält. Indem wir das Wichtige priorisieren, bewegen wir die KI zum gewünschten Verhalten – so wie die Schaffung eines starken Fundaments die Stabilität eines Gebäudes bestimmt.

Kommen wir zur Empathie: Prompt-Ingenieure müssen Benutzerverhalten und -absicht zusammenfassen. Sie nutzen Umfragen, Nutzungsdaten und Feedbackschleifen, um zu verstehen, wer mit der KI interagiert und was sie von ihr erwarten. Stellen Sie sich jemanden mit wenig technischer Erfahrung vor: Seine Aufforderungen könnten als vollständige Fragen formuliert werden: „Wie wird das Wetter morgen sein?" Während ein technisch versierter Teenager seine Frage auf die Frage „Wie wird das Wetter morgen sein?" zusammenfassen könnte. Die Eingabeaufforderung würde unterschiedlich gestaltet sein, um jeder Person auf ihrem Komfortniveau und ihren Erwartungen gerecht zu werden.

Schließlich ist das Verständnis der KI-Fähigkeiten so, als ob man die Spezifikationen einer gut geölten Maschine kennt. Ein Ingenieur muss mit den Eigenschaften von KI-Modellen vertraut sein: Welche Wortanzahlgrenzen gibt es (Token-Limits)? Wie geht die KI mit komplexer Semantik oder Redewendungen um? Dieses Wissen prägt das Prompt-Design – es eliminiert Ausführlichkeit und vermeidet Mehrdeutigkeiten. Beispielsweise könnte sich ein generatives Sprachmodell bei der Erstellung von Inhalten auf der Grundlage minimaler Eingaben auszeichnen und weniger präzise Eingabeaufforderungen wie

„Schreiben Sie eine Geschichte über ein Weltraumabenteuer" erfordern, während ein strukturierteres Abfragemodell detaillierte Eingabeaufforderungen wie „Listen Sie die erforderlichen Schritte auf" erfordern würde eine erfolgreiche Mondlandung in Stichpunkten.

Zusammengenommen bilden diese Fähigkeiten das Werkzeug eines effektiven Prompt-Ingenieurs. Es geht darum, die Präzision der Sprache mit der Leistungsfähigkeit der KI zu vereinen und Eingabeaufforderungen zu gestalten, die Technologie besser mit unseren menschlichen Bedürfnissen verbinden. Denken Sie daran, dass die Mechanismen zwar kompliziert sein können, das Endziel jedoch einfach ist: nahtlose Kommunikation, die den Fluss unseres Alltagslebens verbessert, anstatt ihn zu stören.

Die wahre Schönheit des Prompt Engineering liegt in der Harmonie der sorgfältig ausgewählten und arrangierten Worte. Es geht darum, wie sich diese Wörter mit der KI verbinden und unsere Gedanken in eine Sprache übersetzen, die Maschinen verstehen. Stellen Sie sich den Prozess als ein Gespräch mit einem hilfreichen Führer vor, bei dem komplexe Gedanken in klare, einfache Richtungen zerlegt werden.

Jeder Satz, jedes Schlüsselwort ist ein entscheidender Schritt, um diesem intelligenten Helfer dabei zu helfen, die Dinge aus Ihrer Perspektive zu sehen – fast wie ein Übersetzer, der unsere menschlichen Wünsche in digitale Taten umsetzt. Es ist eine Mischung aus Ihrem Know-how und der Zusammenarbeit der ausgefeilten Algorithmen der KI.

Stellen Sie sich vor, Sie wünschen sich die perfekte Tasse Kaffee. Es kommt nicht nur auf die Bohnen oder das Wasser an, sondern auch darauf, wie Sie Ihr Gebräu mögen. Genau das macht Prompt Engineering: Sie können sozusagen digital mitteilen, wie stark oder süß Sie Ihren Kaffee trinken möchten, damit die KI genau das Richtige bekommt.

Das ist wichtig, denn letztendlich ist diese Technologie, über die wir so viel reden, dazu da, das Leben einfacher zu machen. Es geht darum, Tools und Gadgets zu bekommen, die nicht einfach nur Befehlen folgen, sondern wirklich verstehen, was wir wollen. Sie werden vielleicht nie sehen, wie sich alle Zahnräder drehen und der Code hinter den Kulissen surrt, aber sie sind da und arbeiten daran, Ihnen die Antworten und Hilfe zu geben, die Sie brauchen.

Durch die einfache Magie der richtigen Worte können Sie Technologie zu einem nützlicheren und integraleren Bestandteil Ihres Lebens machen. Das ist der Kern der Wirkung von Prompt Engineering: Komplikationen werden beseitigt und ein unkomplizierter, freundlicher Dialog zwischen menschlicher Neugier und maschineller Intelligenz geschaffen. Und es ist dieses Verständnis, das den Einsatz von Technologie von einer frustrierenden Aufgabe in ein echtes, hilfreiches Gespräch verwandelt.

ELEMENTE EINER GUTEN
EINGABEAUFFORDERUNG

Wenn Sie sich einen Tanz vorstellen, muss jeder Schritt klar und bewusst sein, um einen Fehltritt zu vermeiden. Ebenso muss beim Unterrichten von KI die verwendete Sprache bewusst und unkompliziert sein. Dabei geht es weniger um fantasievolle Phrasen als vielmehr um direkte, bedeutungsvolle Worte.

Denken Sie daran, einen Tanzsaal zu betreten. Der Boden glänzt und ist riesig, und der Gedanke ans Tanzen kann einschüchternd sein. Doch dann erscheint ein Orientierungspunkt, der Ihnen zeigt, wo Sie Ihre Füße platzieren müssen – einen Schritt nach dem anderen, bis Sie selbstbewusst über den Boden schreiten. Dieses Rampenlicht ist wie das Verständnis, das Prompt-Engineering bietet. Es beleuchtet den Weg zur klaren Kommunikation mit KI.

Schauen wir uns die Bewegungen in diesem Tanz an. Jedes Wort in einer Eingabeaufforderung ist ein Schritt, der die KI anleitet, richtig zu reagieren. So wie jeder Schritt in einem Tanz eine Geschichte erzählt, sollte jedes Wort eine Absicht verkörpern und bei der KI keine Verwirrung darüber hinterlassen, was erwartet wird. Die Einfachheit der Nachricht stellt sicher, dass die KI nicht über komplizierte Sprache stolpert. Es ist, als würde man mit einem Partner tanzen, der den nächsten Schritt kennt – es fließt ganz natürlich.

25

Mit diesen ersten Schritten werden Sie erkennen, dass es nicht nur darum geht, ein Gerät zu steuern; Es geht darum, eine Beziehung aufzubauen. Die KI versteht besser, die Antworten werden hilfreicher und plötzlich fühlt sich die Verwaltung der Technologie weniger wie eine lästige Pflicht an, sondern eher wie ein freundlicher Austausch. Dies ist die Wirkung des Erlernens dieses Tanzes – er verwandelt die Interaktionen mit KI von funktional in harmonisch und gibt uns die Freiheit, uns auf das Gesamtbild unseres täglichen Lebens zu konzentrieren. Ziel dieser Erkundung ist es, die Komplexität ans Licht zu bringen und sie nicht nur beherrschbar, sondern zugänglich und vor allem praktisch zu machen.

Intentionalität ist ein entscheidender Teil im Puzzle des Prompt Engineering. Es ist wie ein konzentriertes Gespräch, bei dem jedes Wort, das Sie wählen, die Diskussion auf das gewünschte Ergebnis lenkt. Es funktioniert genauso, wenn Sie mit einer KI sprechen – indem Sie Ihre Bedürfnisse klar darlegen, stellen Sie sicher, dass die KI nicht vom Kurs abweicht.

Nehmen Sie das Beispiel des verstorbenen, großen Fred Rogers – Mister Rogers. Wenn er mit Kindern sprach, wählte er seine Worte mit Bedacht, um eine Botschaft so klar und aufrichtig wie möglich zu vermitteln. Es gab keine Unklarheiten, nur den Trost, genau zu wissen, was er meinte. Beim Schreiben von Eingabeaufforderungen für KI ist dasselbe Maß an Klarheit unerlässlich. Eine gut durchdachte Aufforderung führt die KI wie eine Hand auf Ihrem Rücken im Walzer; Es leitet, ohne Druck auszuüben, und ermöglicht es der KI, sich auf die Bereitstellung der spezifischen Informationen oder Aktionen zu konzentrieren, die Sie anfordern.

Gehen wir es so durch, als würden wir zum ersten Mal einen intelligenten Thermostat einrichten. Eine vage Anweisung wie „Machen Sie es kühler" kann alles bedeuten, von ein paar Grad minus bis hin zu einem Wintertag. Wenn Sie nun angeben: „Stellen Sie die Temperatur um 19 Uhr auf 68 Grad ein", hat die KI keinen Spielraum mehr, um zu raten. Es weiß genau, was wann zu tun ist.

Die Mechanismen, um dies zu erreichen, sind recht einfach. Entfernen Sie zunächst jeglichen Branchenjargon, der die Sachlage trüben könnte. Tragen Sie dann die Einzelheiten ein – das „Wer", „Was", „Wo" und „Wann" Ihrer Anfrage. Stellen Sie sich bei der Kommunikation mit KI vor, Sie würden jemandem das Autofahren beibringen. Sie würden nicht einfach „Fahren" sagen. Sie geben Anweisungen, welche Straßen Sie nehmen, wann Sie abbiegen und wann Sie anhalten müssen, um sicherzustellen, dass sie sicher das richtige Ziel erreichen.

Im weiteren Sinne bedeutet dies, dass jeder Teil der Absicht, den Sie in eine Eingabeaufforderung einbauen, ein Schritt in Richtung einer vorhersehbaren, nützlichen Interaktion mit der Technologie ist. Jedes Detail ist wichtig, und zusammen sollten sie ein klares Bild Ihrer Absichten für die KI zeichnen. Es geht um Raffinesse in Einfachheit. Indem Sie Ihre Eingabeaufforderungen präzise verfeinern, ermöglichen Sie der KI, eine Aufgabe nicht nur auszuführen, sondern sie auf eine Weise auszuführen, die sich nahtlos in Ihr tägliches Leben einfügt – ein Spiegelbild davon, wie differenzierte und effektive Kommunikation uns alle stärken kann.

Wenn wir mit einer KI sprechen, könnte es genauso gut sein, mit einer einfachen Aufforderung wie „Informationen anfordern" zu beginnen, als würde man einen Bibliothekar bitten, Ihnen ein Buch zu holen – ohne anzugeben, welches. Lassen Sie uns dies nun zu etwas viel Präziserem weiterentwickeln: „Rufen Sie die neuesten Verkaufsdaten für das erste Quartal 2021 im CSV-Format ab."

In der Welt der KI ist man gerade von einer offenen Frage zu einem hochspezifischen Befehl übergegangen, auf den die KI mit Zuversicht reagieren kann. Deshalb ist jeder Teil unserer verfeinerten Aufforderung wichtig:

- **„Abrufen"** : Dieses Aktionswort ähnelt dem Drücken einer bestimmten Taste an einem Verkaufsautomaten. Es teilt der KI mit, dass wir möchten, dass sie etwas für uns erstellt und nicht nur konzeptionell darüber nachdenkt oder eine damit verbundene Aufgabe startet.

- **„Neueste Verkaufsdaten"** : Dies ist das KI-Äquivalent zur Angabe des Buchtitels. Es schränkt die Suche der KI auf eine bestimmte Art von Informationen ein, so als würde man nach einem Kochbuch statt nach einem Buch fragen.

- **„Q1 2021"** : Stellen Sie sich das wie das Veröffentlichungsdatum des Buchs vor. Es verfeinert die Suche weiter und stellt sicher, dass die KI genau versteht, nach welcher Edition oder in unserem Fall nach welchem Zeitraum der Daten wir suchen.

- **„CSV-Format"** : Dies teilt der KI das Format mit, das wir benötigen, so wie wir das Buch möglicherweise auf Englisch und nicht auf Französisch benötigen. Dies ist von entscheidender Bedeutung, um sicherzustellen, dass wir die Informationen so nutzen können, wie wir es benötigen.

Stellen Sie sich die KI nun als Flussdiagramm vor, bei dem jedes Wort verzweigt, um zu spezifischeren Aktionen zu führen. „Abrufen" könnte beispielsweise von „Überlegen" wegführen. „Verkaufsdaten" verzweigen sich von anderen Datentypen, beispielsweise „Mitarbeiterdaten". Die KI nutzt diesen „Entscheidungsbaum", um genau zu der angeforderten

Information zu gelangen.

Lassen Sie es uns in die Tat umsetzen. Angenommen, die KI antwortet auf „Informationen abrufen", indem sie Verkaufsdaten aus verschiedenen Bereichen in Infografikform bereitstellt. Der Ingenieur überarbeitete dann diese Eingabeaufforderung und sagte: „Das ist gut, aber ich benötige die Rohverkaufsdaten aus dem ersten Quartal 2021 in einer Tabelle, nicht in einer visuellen Zusammenfassung."

Daher ist die Eingabeaufforderung auf „Die neuesten Verkaufsdaten für das 1. Quartal 2021 im CSV-Format abrufen" abgestimmt. Diesmal liefert die KI genau das zurück – eine detaillierte, strukturierte CSV-Datei mit den Daten aus dem angegebenen Zeitraum, wodurch die Aktion der KI gezielter durchgeführt werden kann.

Der Prozess ist iterativ. Stellen Sie sich das so vor, als würden Sie ein Rezept anpassen. „Es ist ein bisschen langweilig; eine Prise mehr Salz", und Sie probieren noch einmal. Hier verfeinert der Ingenieur Befehle basierend auf dem „Geschmack" der Antworten der KI, bis das „Gericht" – das Ergebnis – genau richtig ist.

Durch diese klaren, gezielten Anpassungen steuert der schnelle Ingenieur die KI von einem umfassenden Verständnis zu einer präzisen Aktion. So wie man jemanden mit detaillierten Schildern durch ein komplexes U-Bahn-System führt, stellt der Ingenieur sicher, dass die KI den genauen Weg zu den erforderlichen Informationen kennt. Dieses Maß an Präzision verbindet unsere natürliche Sprache mit der digitalen Verarbeitung der KI und offenbart die Leistungsfähigkeit gut gestalteter Eingabeaufforderungen in der Welt der künstlichen Intelligenz.

Stellen Sie sich vor, Sie packen für einen Wochenendausflug und müssen nur eine kleine Reisetasche füllen. Wenn der

Wetterbericht Sonnenschein verspricht, würden Sie doch keinen dicken Mantel anziehen, oder? Im gleichen Sinne bedeutet die Erstellung einer Eingabeaufforderung für KI, jedes Wort mit der Sparsamkeit eines Reisenden auszuwählen, der sich auf seine Reisetasche beschränkt. Es ist eine Lehre aus Mark Twains Spielbuch – er konnte mit sechs Worten mehr sagen als andere mit sechzig.

Denken Sie also bei der Auswahl Ihrer Worte darüber nach, was Sie für Ihre Reise in diese Tasche stecken würden. Jedes Element hat eine Rolle; Flip-Flops für den Strand, ein elegantes Ladegerät für Ihr Telefon. So sollten Sie eine Eingabeaufforderung verpacken – ordentlich, wobei jedes Wort einen Zweck erfüllt, um sicherzustellen, dass die KI nicht mit unnötigem Gepäck landet.

Ähnlich wie bei der Wahl des Hemdes, das sowohl für Tageswanderungen als auch für das Abendessen geeignet ist, decken die richtigen Worte mehrere Aufgaben ab und sagen der KI gerade genug, um die Arbeit ohne Verwirrung zu erledigen. Präzision und Kürze – es geht um die Balance zwischen der Bereitstellung ausreichender Informationen und der Vermeidung einer Überlastung des Systems.

Warum spielt es eine Rolle? Denn genau wie auf Ihrer Reise finden Sie Freude an Leichtigkeit und Einfachheit, auch beim Tanz mit KI sorgen klare Schritte für anmutige Bewegungen. Es geht darum, genau zu bestimmen, was Sie brauchen, und dafür zu sorgen, dass eine Maschine die Aufgabe versteht und die Ergebnisse so nahtlos liefert wie ein Reisepartner, der Sie in- und auswendig kennt – reibungslos, hilfreich und auf den Punkt gebracht. Und bei unserem Kaffee, so klar wie der Himmel an Ihrem Wochenendausflug, hoffe ich, die Kunst des schnellen Ingenieurwesens genauso unkompliziert und voller Sinn zu machen.

Werfen wir einen tieferen Blick auf das Thema Prompt

Engineering und untersuchen, wie Wörter und ihre Reihenfolge den Dialog zwischen Menschen und KI prägen. Die Wahl der richtigen Worte ist für mich als Pünktlichkeitsingenieur so, als würde ein Dichter jede Zeile so gestalten, dass sie eine bestimmte Emotion oder Szene hervorruft. Die semantische Dichte – die in jedem Wort enthaltene Bedeutung – muss beurteilt werden.

Betrachten Sie beispielsweise den Unterschied zwischen „get" und „retrieve". Für eine KI könnte „get" zu allgemein sein, während „retrieve" andeutet, etwas zurückzubringen. Diese Unterscheidung ist wichtig, da sie die Grundlage für die Aktion der KI bildet. Es geht nicht nur ums Befehlen; Es kommuniziert mit einer zusätzlichen Präzisionsebene.

Lassen Sie uns dann über den qualifizierten Datenabruf sprechen. Wenn wir unsere KI anweisen, „Kundendaten abrufen", ist der Befehl vage. Aber durch das Hinzufügen der Modifikatoren „Rufen Sie die neuesten Kundendaten für Produkt X ab" haben wir plötzlich einen undeutlichen Befehl in eine genaue Anfrage umgewandelt. „Neueste" fungiert als zeitliches Qualifikationsmerkmal und grenzt die Zeitachse ein. „Produkt

Auch die Wahl der Verben und Adverbien ist entscheidend. Wenn Sie „Schnell abrufen" sagen, implizieren Sie Dringlichkeit und weisen die KI an, der Geschwindigkeit Priorität einzuräumen. Es steuert die Art und Weise, wie die KI die Aufgabe ausführen soll, und legt Erwartungen für die Geschwindigkeit des Ergebnisses fest, ähnlich wie Sie Ihrem Reisepartner sagen, er solle sich beeilen, damit Sie keinen Flug verpassen.

Die Struktur ist der Ort, an dem die Magie geschieht. Genau wie bei einer gut gepackten Reisetasche sollte alles an seinem Platz sein, damit man es leicht erreichen kann. Für die KI bedeutet dies, Eingabeaufforderungen in einer logischen

Reihenfolge zu strukturieren, die mit ihrer Verarbeitungslogik übereinstimmt. Wenn Sie Ihre Schuhe über Ihre Kleidung packen, könnten sie knittern; Ähnlich verhält es sich, wenn Sie das wichtigste Wort am Ende einer Eingabeaufforderung platzieren: Die KI verleiht ihm möglicherweise nicht die erforderliche Betonung.

Stellen Sie sich nun vor, Sie würden eine Eingabeaufforderung verfeinern – das ist, als würden Sie Ihre Reisetasche neu organisieren. Sie haben schon einmal versucht zu packen, haben bemerkt, dass die Schuhe Ihre Hemden quetschen, und jetzt ordnen Sie die Sachen für eine bessere Passform neu. Wenn eine Eingabeaufforderung mit KI eine falsche Antwort hervorruft, überdenken und passen Sie den Wortlaut oder die Reihenfolge an, ähnlich wie Sie unnötige Elemente entfernen oder sie auf eine Weise platzieren, die für Ihre Reise sinnvoller ist.

Wie unterschiedliche Strukturen die Interpretation der KI beeinflussen können, ist ein aufschlussreiches Experiment. „Senden Sie mir wöchentliche Verkaufsaktualisierungen" im Vergleich zu „Ich möchte wöchentliche Verkaufsaktualisierungen erhalten." Beide enthalten die gleichen Grundelemente, leiten die KI jedoch möglicherweise auf leicht unterschiedliche Wege – genauso wie Ihre Verpackungsmethode den einfachen Zugriff auf Ihre Artikel unterwegs verändern könnte.

Feedbackschleifen sind die Check-in-Punkte. Du hast gepackt, du bist gereist, dir wird klar, was funktioniert hat und was nicht. Dann packen Sie das nächste Mal mit diesem Wissen um. Mit KI steuert jede Reaktion die nächste sofortige Anpassung und verfeinert die Kommunikation, so wie ein Schneider ein Kleidungsstück für die perfekte Passform anpasst.

Sie sehen also, jedes Wort und sein Platz in einer Aufforderung können genauso wichtig sein wie jeder

Gegenstand in Ihrer Reisetasche. Sie beeinflussen, wie die KI Ihre Anfrage versteht und erfüllt, und stellen so sicher, dass sie mit Ihren Anweisungen nicht auf eigene Faust Urlaub macht. Dies ist die subtile Kunst und wesentliche Wissenschaft des Prompt Engineering – bei der klare, leicht verständliche Erklärungen zu leistungsstarken Technologieinteraktionen führen und unser digitales Leben mit jedem Wort bereichern.

Wenn Sie ein Restaurant betreten und ein maßgeschneidertes Gericht bestellen, machen Sie konkrete Angaben zu Ihren Vorlieben: weniger Salz, keine Nüsse, mehr Würze. Jeder Parameter, den Sie angeben, informiert den Koch darüber, wie er Ihre Mahlzeit genau nach Ihrem Geschmack zubereiten kann. Sie sagen nicht einfach: „Mach mir Essen." Sie formulieren deutlich: „Grillen Sie den Lachs mit einer Prise Dill, einem Spritzer Zitrone und einem Schuss Olivenöl." Das ist Spezifität am Werk und sorgt für ein auf Ihren Gaumen zugeschnittenes Ergebnis.

Übertragen wir das nun auf den Bereich des Prompt Engineering. Eine Aufforderung ohne Kontext ist wie eine vage Anweisung – sie lässt zu viel Raum für Interpretationen. Wenn Sie eine Aufgabe für die KI skizzieren, greift der Kontext ein, z. B. die individuellen Essenspräferenzen. Es ist die Fülle an Hintergrundinformationen, die die Ergebnisse der KI würzen und sie eher auf Nützlichkeit als auf Zufälligkeit ausrichten.

Unterteilen Sie die Kontextbereitstellung in klare Schritte und geben Sie zunächst die Aufgabe an. Ähnlich wie beim Benennen des gewünschten Gerichts könnten Sie sagen: „Ich brauche einen Bericht." Fügen Sie dann einen Kontext hinzu, der den kulinarischen Spezifikationen ähnelt – Zeitrahmen, Themenschwerpunkt, Berichtsformat – wobei jeder kontextbezogene Hinweis den Ausführungspfad der KI verfeinert. Es ist so, als würde man dem Koch, nachdem man dem Gericht einen Namen gegeben hat, die Anweisung geben: „Ich brauche diesen Verkaufsbericht bis nächsten Montag, mit

Schwerpunkt auf dem europäischen Markt, im PDF-Format."

Im Hintergrund verarbeitet die KI jeden Kontext. Stellen Sie es sich als Checkliste in der Küche vor. „Nächsten Montag" schränkt den Zeitpunkt der Lieferung ein. „Verkäufe" hebt hervor, welche Inhalte einbezogen werden sollen. „Europäischer Markt" weist darauf hin, welche Verkaufsdaten heranzuziehen sind. „PDF-Format" gibt an, wie diese Daten dargestellt werden. Die KI weiß jetzt wie der Koch nicht nur, was sie zubereiten muss, sondern auch, wie sie es genau auf Ihre Bedürfnisse abstimmen kann.

Der Kontext ist wichtig, denn ohne diese Details können KI-Ausgaben das Ziel verfehlen. Eine KI, die den Befehl „Ich brauche einen Bericht" ohne weitere Anleitung annimmt, könnte die Finanzdaten des letzten Jahres in einer Tabelle bereitstellen – ein Missverhältnis zu Ihrem aktuellen Bedarf, ähnlich wie der Empfang eines durchgebratenen Steaks, wenn Sie „Medium Rare" bestellt haben.

Stellen Sie sich vor: Der Unterschied zwischen einer unklaren KI-Reaktion und einer punktgenauen Antwort ist gewaltig – erstere ist verwirrend und abstoßend, letztere zufriedenstellend und treffend. Der KI den richtigen Kontext bereitzustellen bedeutet sicherzustellen, dass der Koch jede Ihrer Geschmackspräferenzen versteht.

Bei der Auseinandersetzung mit diesem komplexen Thema geht es darum, jedes Element zu analysieren, Vorgehensweisen schrittweise weiterzugeben und bekannte Szenarien anzuwenden, um das Konzept in alltägliche Situationen einzubinden. Die Raffinesse liegt nicht in komplexen Formulierungen, sondern in der genauen Beobachtung dieser Nuancen – im Erkennen des Potenzials und der Grenzen der KI und in der Gestaltung Ihrer Aufforderungen, um sicher in diesen Räumen zu navigieren. Dieser Ansatz zielt darauf ab, die Feinheiten der Mensch-Maschine-Konversation zu entmystifizieren, zu entwirren und zu beleuchten und ihnen Leben und Klarheit einzuhauchen.

Lassen Sie uns untersuchen, wie KI den Kontext in Eingabeaufforderungen verarbeitet, indem wir uns ein konkretes Beispiel ansehen – die Aufgabe, Daten aus einer Datenbank zu extrahieren. Angenommen, wir beginnen mit einer Basisaufforderung an eine KI:

- Basisaufforderung: „Verkaufsdaten extrahieren."

Dieser erste Befehl ist, als würde man in eine Bibliothek gehen und nach „einem Buch" fragen. Es ist viel zu weit gefasst; Es gibt unzählige Bücher, genauso wie es eine Unmenge an Verkaufsdaten gibt. Die KI ist sich in diesem Fall nicht sicher, welche spezifischen Daten Sie benötigen.

Lassen Sie uns die Eingabeaufforderung verfeinern, indem wir Kontext hinzufügen, so wie Sie den Titel, den Autor oder das Thema des Buchs angeben würden:

- Verfeinerte Eingabeaufforderung: „Extrahieren Sie Verkaufsdaten, wobei Region = ‚Europa' und Datum = ‚Q1 2021' und Format = ‚CSV'."

Jetzt versteht die KI. Es führt eine Aufgabe aus, die mit einer SQL-Datenbankabfrage vergleichbar ist. So interpretiert die KI jeden Teil:

- „region = ‚Europe'": Dies ist das Äquivalent einer ‚WHERE'-Klausel in SQL. Dadurch wird die Suche auf die mit „Europa" gekennzeichneten Dateneinträge beschränkt, ähnlich wie wenn man einen Bibliothekar nur nach Büchern eines bestimmten Autors fragt.

– „date = ‚Q1 2021'": Dieses Qualifikationsmerkmal ist so, als würde man das Erscheinungsjahr des Buches angeben. Es weist die KI an, sich ab dem ersten Quartal des Jahres 2021 auf den Verkauf zu konzentrieren.

- „format = ‚CSV‘": Durch die Angabe des Formats weisen wir die KI an, wie die Daten präsentiert werden sollen – als würden wir nach dem Buch als Hardcover statt als Taschenbuch fragen. „CSV" bedeutet, dass wir die Daten in einem Format haben möchten Format, das mit Tabellenkalkulationsprogrammen verwendet werden kann.

Stellen Sie sich jeden Qualifizierer als Parameter in einem Funktionsaufruf vor. Beim Codieren fungieren Parameter als Optionen, die das Verhalten einer Funktion ändern. Zum Beispiel in Python:

Python

```
def extract_data(region, date, format):
```

```
# Code zum Abrufen von Daten
```

```
passieren
```

Jedes Mal, wenn wir diese Funktion mit anderen Parametern aufrufen, erhalten wir einen anderen Datensatz.

In der Praxis verfeinern und bewerten Prompt-Ingenieure die Ergebnisse iterativ. Wenn die KI Daten aus allen Regionen und nicht nur aus Europa zurückgeben würde, würden wir sie weiter verfeinern:

- „Verkaufsdaten extrahieren, wobei Region = ‚Europa' und Datum = ‚Q1 2021' und Format = ‚CSV'."

Es ist so, als würden Sie dem Bibliothekar immer spezifischere Suchkriterien geben, bis er mit genau dem Buch zurückkommt, nach dem Sie suchen.

Während dieses schnellen Optimierungsprozesses testet der Ingenieur, ähnlich wie bei der Behebung von Syntaxfehlern in einem Skript, die Ausgabe, notiert Ungenauigkeiten und sucht nach der richtigen Wortfolge, die das gewünschte Ergebnis liefert. So wie ein Bibliothekar zwischen den Regalen hin und her geht, geht die KI ihre Daten hin und her und verfeinert ihr Suchprotokoll jedes Mal, wenn der Techniker die Eingabeaufforderung aktualisiert.

Indem wir jedes technische Detail wieder mit den umfassenderen Prinzipien verknüpfen, wird deutlich, warum Genauigkeit und Spezifität im Prompt Engineering von entscheidender Bedeutung sind – die Fähigkeit, mit KIs auf eine Weise zu kommunizieren, die genau und zuverlässig die von uns benötigten Informationen liefert, hängt von unserem Verständnis von Sprache als Präzision ab Werkzeuge. Die Eingabeaufforderung ist im Wesentlichen ein Schlüssel, und ihre sorgfältige Ausarbeitung erschließt das enorme Potenzial, das in KI-Datenbanken steckt.

Denken Sie bei dieser Untersuchung darüber nach, wie wichtig es ist, dass Verkehrszeichen klar erkennbar sind. Ein „Stopp"-Schild ist unverkennbar – es ist rot, achteckig und weist fette, weiße Buchstaben auf. Es deutet nicht nur darauf hin; Es befiehlt eine Aktion, die den Fahrern gut bekannt ist. Nehmen Sie nun diese Notwendigkeit für unverkennbare Zeichen und wenden Sie sie auf die Kommunikation mit KI an. Es ist wichtig, Anweisungen zu erstellen, die das Risiko minimieren, dass die KI falsch abbiegt.

Um die KI in die richtige Richtung zu lenken, müssen Sie zunächst feststellen, wo ein Missverständnis auftreten könnte. Wie bei der Analyse einer potenziellen Verkehrsgefahr untersuchen wir eine Eingabeaufforderung auf sprachliche Wendungen, die die KI vom Kurs abbringen könnten. Wir suchen nach Unklarheiten, Mehrfachbedeutungen und Nuancen, die die Verarbeitung der KI stören könnten.

Nehmen wir an, Sie bringen jemandem ein Rezept bei. Wenn Sie sagen: „Ein bisschen backen", ist die Bedeutung unklar. Wie lang ist ein „Bit"? Stattdessen würden Sie klarstellen: „25 Minuten bei 350 Grad backen." Das lässt keinen Zweifel offen – es ist präzise und führt zu einem vorhersehbaren Ergebnis.

Die Umwandlung eines unklaren Befehls in eine glasklare Anweisung ist ein Prozess, der mehrere Anpassungen erfordern kann. Sie stecken jedes Mal andere Wörter ein und beobachten die Manöver der KI. Es ist, als würde man einen Fahranfänger durch eine komplexe Kreuzung coachen, wobei jede Anweisung sein Verständnis verfeinert, bis er sie fehlerfrei bewältigt.

Stellen Sie sich nun vor, die Wörter, die Sie verwenden, wären wie Teile eines Puzzles. Jedes passt an einen Ort, der ein ganzes Bild – die Botschaft – sichtbar macht. Es ist methodisch und bewusst. Jeder Begriff ist ein integraler Bestandteil der Gesamtkommunikation; Wenn man einen entfernt, wird das Bild schwer zu interpretieren.

Während wir uns durch das komplizierte Terrain der Entwicklung dieser Eingabeaufforderungen bewegen, lassen Sie uns Beispiele aus der Praxis einbeziehen. Denken Sie an das GPS-System in Ihrem Auto. Wenn es Sie mit klaren Anweisungen führt, verläuft Ihre Reise reibungslos und ohne Wenden. Wenn die Wegbeschreibung jedoch unklar ist, kann es sein, dass Sie an einem unerwarteten Ort landen.

Wenn das Material jemals kompliziert erscheint, stellen Sie sich eine Schritt-für-Schritt-Anleitung vor. Sie könnten beispielsweise ein Flussdiagramm zeichnen, das Ihre Reise abbildet und jede mögliche Route und ihr Ergebnis basierend auf verschiedenen Eingabeaufforderungen zeigt. Es ist eine visuelle Geschichte von „Wenn dies, dann das."

Ziel dieses Diskurses ist es, mit geduldiger und einfühlsamer Anleitung jedes Rädchen und Rad der prompten Engineering-Maschine zu beleuchten. Es geht darum, eine Erzählung zu entwerfen, die die Komplexität Schicht für Schicht aufdeckt und einen Einblick in die Tiefe der KI mit einem Hauch von menschlichem Bezug bietet. So wie man einem Freund dabei hilft, einen hartnäckigen Motor oder ein komplexes Rezept zu reparieren, bleibt der Ton ruhig, die Sprache frei von Fachjargon und jedes Detail dient dem besseren Verständnis.

Gemeinsam gestalten wir eine Landschaft der KI-Kommunikation, wobei jede technische Nuance klar in den Fokus gerückt wird und die Wertschätzung für eine Technologie gefördert wird, die sich ständig weiterentwickelt. Es geht darum, Verbindungen zum täglichen Leben herzustellen und dem Leser nicht einen Kopf voller Abstraktionen, sondern ein praktisches Verständnis zu hinterlassen, das die ausgeklügelte Funktionsweise der KI zu etwas so Alltäglichem und Wesentlichem macht wie die Verkehrsschilder, die uns auf der Straße leiten.

Hier ist ein tieferer Blick auf den iterativen Prozess der Verfeinerung einer KI-Eingabeaufforderung, wobei der Schwerpunkt auf dem Übergang von einer vagen Sprache zu spezifischen Anweisungen liegt:

- **Erste vage Aufforderung** : „Bericht vorbereiten."

- **Identifizierte Mängel** : Diese Eingabeaufforderung ist

39

unklar, da sie nicht angibt, welche Art von Bericht benötigt wird, welchen Umfang er hat oder in welchem Format der Bericht präsentiert werden soll. Die KI hat zu viel Interpretationsspielraum.

- <u>Analyse der KI-Interpretation von Aktionsverben</u> :

– Aktionsverben in Eingabeaufforderungen wie „Get" oder „Prepare" sind oft zu allgemein und können zu unterschiedlichen KI-Reaktionen führen. Präzise Verben wie „Abrufen" vermitteln eine bestimmte Aktion und weisen die KI an, eine bestimmte Aufgabe ohne Mehrdeutigkeit auszuführen.

- <u>Erste Iteration</u> : „Verkaufsbericht erstellen."

- <u>Hinzufügung des Subjektnomens</u> :

- Durch die Einbeziehung von „Verkäufe" wird das Thema des Berichts verdeutlicht und sichergestellt, dass die KI die Art der erforderlichen Informationen versteht.

- <u>Zweite Iteration</u> : „Erstellen Sie einen monatlichen Verkaufsbericht für das letzte Quartal."

- <u>Einführung der Zeitphrase</u> :

- Der Zusatz „monatlich" und „für das letzte Quartal" gibt die Häufigkeit und den Zeitrahmen an, der die Suche der KI auf relevantere Daten verfeinert.

- **Dritte Iteration** : „Erstellen Sie einen detaillierten monatlichen Verkaufsbericht für das vierte Quartal 2021 im PDF-Format."

- **Einbindung von Adjektiven und Formatvorgaben** :

- Das Wort „detailliert" veranlasst die KI, umfassende Informationen einzubeziehen. Die Angabe „Q4 2021" gibt einen genauen Zeitraum an und die Angabe „im PDF-Format" bestimmt, wie die Informationen organisiert und abgerufen werden sollen.

- **Auswertung der Antworten der KI** :

- Nach jeder Iteration wird die Ausgabe der KI ausgewertet. Dieser Schritt ist entscheidend, um festzustellen, ob die verfeinerte Eingabeaufforderung den Bedürfnissen des Benutzers entspricht. Wenn die Antwort nicht korrekt ist, wird weitere Spezifität hinzugefügt.

Es ist wichtig, jeden Teil der Eingabeaufforderung an das Verständnis der KI anzupassen. So wie ein GPS klare, spezifische Koordinaten benötigt, um zum richtigen Ziel zu gelangen, benötigt eine KI Anweisungen mit direkter Sprache, um Aufgaben präzise auszuführen. Durch sukzessive Verfeinerungen entwickeln sich die Eingabeaufforderungen weiter, um die Absicht des Benutzers präzise zu kommunizieren, was zu einer zuverlässigen KI-Leistung führt, die den Erwartungen des Benutzers entspricht. Dieser Prozess unterstreicht die Bedeutung detaillierter Eingabeaufforderungen im breiteren Kontext der Rolle von KI bei der Datenverwaltung und Aufgabenausführung und macht KI-Interaktionen für

Benutzer in verschiedenen Anwendungen intuitiver und effektiver.

Denken Sie an Thomas Edison, der Nacht für Nacht in seinem Labor die Glühfäden seiner Glühbirne testet. Jeder Test flackert und schlägt fehl, aber er lässt sich von der Dunkelheit nicht die Laune verderben. Jeder kleine Rückschlag bringt ihn seinem brillanten Durchbruch einfach näher. Lassen Sie uns nun über KI sprechen und darüber, wie wir unsere Art, mit ihr zu chatten, verfeinern – es geht um denselben Funken Beharrlichkeit, in dem Feedback wie Stränge dieser frühen Filamente schimmert.

Stellen Sie sich vor, Sie haben gerade ein Landschaftsfoto aufgenommen, aber das Licht des Sonnenuntergangs wurde nicht ganz so eingefangen, wie Sie es sich erhofft hatten. Sie optimieren also die Einstellungen – erhöhen den Kontrast und passen die Sättigung an. Klicken. Da ist das Foto, das Sie wollten. So verfeinern wir Eingabeaufforderungen mit KI. Sie geben ihm einen Anstoß: „Mach hier das Licht heller" oder „Machen wir die Schatten dort etwas weicher", und nach und nach beginnt die KI, das Bild zu sehen, das Sie in Ihrem Kopf sehen.

Sie flüstern eine Anweisung, und wenn die Reaktion der KI in die Wolken schwebt, wissen Sie, dass es Zeit ist, die Segel zu justieren. Es geht nicht darum, zu schelten; Es geht um Führung, wie das Optimieren dieses Fotos oder Edison, der seine Wählscheiben dreht. Nach und nach formt das Feedback, das Sie geben, die Antworten der KI und poliert sie, bis sie klar und zielgerichtet glänzen.

Bei diesem Prozess, dieser Schleife geht es um mehr als nur darum, von der KI zu hören – es ist ein Gespräch. Es geht darum, die Saiten einer Gitarre zu zupfen und der Melodie zu lauschen, saure Töne zu ertasten und sie auszustimmen, bis die Melodie genau so summt, wie sie sollte. Und auch wenn es manchmal so aussieht, als würden wir uns durch Hokuspokus bewegen, navigieren wir in Wirklichkeit mit der Finesse eines Gärtners, der Rosen beschneidet, durch das komplizierte Geflecht des KI-Dialogs.

Es ist nicht so abstrakt, wenn man es sich vorstellt, oder? Wir bauen mit unserem Feedback eine Brücke, ein stabiles Brett nach dem anderen, und verbinden menschliche Absichten mit digitalem Verständnis. Es ist nicht nur algorithmische Alchemie; Es ist die heikle Kunst der Verbindung, die uns in dasselbe Gespräch bringt, in dem KI nicht nur berechnet, sondern kommuniziert – eine Symphonie aus Daten und Wünschen, destilliert in einem perfekten Duett aus Bitte und Antwort.

Dies ist der Kern unserer Erkundung – zu sehen, wie die Glühbirne nicht nur über Edisons Werkbank, sondern auch im Herzen der KI aufleuchtet und den nahtlosen Tanz zwischen menschlichen Fragen und künstlichem Verständnis beleuchtet. Das Ziel hier bei dieser Tasse Kaffee besteht darin, das Wissen nicht als erhabenen Schatz, sondern als greifbare Alltagsmagie zu teilen – und so jede Lektion zu einem Sprungbrett über den Fluss der Komplexität zu machen. Es geht nicht darum, über oder unter zu reden, sondern direkt mit Ihnen zusammenzuarbeiten und sicherzustellen, dass jede komplizierte Drehung und Wendung auf dem Weg des Lernens ein Fortschritt in der immer größer werdenden Welt ist, in der Sie und die KI nicht nur bekannt sind, sondern auch im Einklang und im Dialog stehen.

Werfen wir einen tieferen Blick auf das Thema Feedback-Mechanismen im Prompt Engineering. Diese Mechanismen sind unverzichtbare Werkzeuge im iterativen Prozess, der der KI beibringt, unsere Eingabeaufforderungen besser zu verstehen und darauf zu reagieren.

Der Prozess beginnt damit, dass der Ingenieur der KI eine Eingabeaufforderung präsentiert und deren Ausgabe beobachtet. Der Kern des Feedbacks ist hier die Antwort selbst – wie genau stimmt sie mit der beabsichtigten Aktion oder Antwort überein? Wenn eine KI mit der Bereitstellung von Wetterinformationen beauftragt ist, stattdessen aber Schlagzeilen liefert, liegt offensichtlich ein Missverhältnis vor.

Ingenieure untersuchen die Reaktionszeiten der KI, die Aufschluss darüber geben, wie schnell die KI eine Anfrage bearbeiten kann. Schnelle Reaktionszeiten werden bevorzugt, jedoch nicht auf Kosten der Genauigkeit, die immer im Vordergrund steht. Die Genauigkeit bewertet, ob die Reaktion der KI korrekt und zielgerichtet ist, während die Relevanz beurteilt, ob der generierte Inhalt mit dem Kontext der Eingabeaufforderung übereinstimmt.

Auch die Zufriedenheit der Nutzer kann beim Feedback eine Rolle spielen. Korrigieren die Nutzer häufig die KI oder äußern sie Unzufriedenheit, weisen diese Signale auf Bereiche hin, in denen die Eingabeaufforderung verbessert werden kann.

Beim Analysieren von KI-Antworten suchen Ingenieure nach Mustern oder wiederkehrenden Fehlern. Versteht die KI eine bestimmte Phrase oder ein bestimmtes Wort ständig falsch? Wenn ja, muss dieses Wort möglicherweise innerhalb der Eingabeaufforderung umformuliert oder neu angeordnet werden. Ingenieure stellen möglicherweise auch fest, dass Redundanzen oder unnötig komplexe Strukturen die KI in die Irre führen, und durch die Vereinfachung der Eingabeaufforderung wird das Verständnis der KI verbessert.

Zu den Arten von Anpassungen gehören:

- **Wörter neu anordnen** : Die Änderung von „Zeige mir die heutige Wetteraktualisierung" in „Zeige mir die Wetteraktualisierung für heute" kann manchmal das Verständnis beeinträchtigen, insbesondere wenn es um Sequenzen oder bedingte Anweisungen geht.

- **Phrasenkonstruktion ändern** : „Suchen Sie die Datei mit dem Namen ‚Bericht'" ist möglicherweise zu vage. Durch die Einschränkung auf „Suchen Sie nach der Datei mit dem Titel „Monatlicher Verkaufsbericht'" wird die Anweisung konkreter und klarer.

- **Verwendung von Synonymen für Präzision** : Wenn „finden" nicht die gewünschten Ergebnisse liefert, testen Ingenieure möglicherweise Synonyme wie „lokalisieren", „abrufen" oder „suchen nach", um die programmierten Aktionen der KI zu verfeinern.

Jede Anpassung wird umgesetzt und anschließend getestet. Wie das Schärfen eines feinen Instruments werden bei diesem heiklen Prozess die rauen Kanten abgetragen, bis die Reaktionen der KI fließend und intuitiv werden.

Diese sorgfältige Arbeit enthüllt die Mechanismen des Dialogs zwischen Menschen und KI und zeigt eine Partnerschaft, in der jede Interaktion ein roter Faden im Gefüge des Verständnisses ist – eine nahtlose Mischung aus menschlicher Absicht und maschineller Verarbeitung, die im Laufe der Zeit verfeinert wurde, um Klarheit und Präzision widerzuspiegeln.

Bei jedem Schritt des Weges halten die Ingenieure die Sprache geradlinig, wie ein Freund, der beim Kaffee ein Konzept erklärt, und stellen so sicher, dass die Tiefe der Interaktion so klar wie der Tag bleibt. Sie stehen den Benutzern zur Seite und analysieren die technischen Ebenen, um zu zeigen, wie jede Anpassung einen robusteren KI-Dialog schafft – einen Dialog, der in der realen Welt lebt und atmet und unsere digitalen Interaktionen in einen harmonischen Tanz mit der Technologie verwandelt.

In diesem Kapitel haben wir die Grundlagen einer starken

KI-Kommunikation erläutert. Ausgehend von der Intentionalität ist die Idee einfach: Wenn Sie der KI genau mitteilen, was Sie brauchen, ist die Wahrscheinlichkeit höher, dass Sie es bekommen. Es ist vergleichbar mit dem Erteilen von Anweisungen; Genauigkeit führt jemanden direkt ans Ziel und vermeidet unnötige Umwege.

Dann sind da noch die Präzision und die Kürze in Ihren Worten – als würden Sie für einen Wochenendausflug nur das Nötigste packen. Auf die gleiche Weise kann die KI, wenn sie nur die notwendigen Informationen erhält, Ergebnisse liefern, ohne sich durch das zu fummeln, was sie nicht benötigt.

Kontextuelle Klarheit ist vergleichbar mit dem richtigen Würzen von Speisen; es verleiht Geschmack und Tiefe. Wenn KI über Kontext verfügt, kann sie Antworten erkennen und anpassen, so wie Köche Gerichte nach ihrem Geschmack zubereiten.

Stellen Sie sich nun vor, mit welcher Sorgfalt Verkehrslinien gestrichen werden, um Autos reibungslos zu leiten. Das ist die Sorgfalt, mit der wir KI-Fehlinterpretationen antizipieren – KI-Anweisungen tragen eindeutig dazu bei, zu verhindern, dass sie vom Kurs abkommt.

Die letzte Wendung sind Rückkopplungsschleifen. Es ist ein Hin und Her, ähnlich wie wenn man versucht, das, was man kocht, noch einmal zu würzen, bis es perfekt ist. Diese kontinuierliche Schleife schärft die KI-Reaktionen und passt sie besser an Ihre Bedürfnisse an.

Jedes Teil hier ist wichtig, denn ähnlich wie Puzzleteile vervollständigen sie das Gesamtbild der KI-Kommunikation und verwandeln sie von mechanisch in bedeutungsvoll. Dabei geht es darum sicherzustellen, dass die KI nicht nur vorgefertigte Antworten liefert, sondern wirklich versteht und auf hilfreiche Weise interagiert. Ziel ist es dabei, dieses fortgeschrittene Thema so nachvollziehbar und leicht verständlich wie ein freundliches Gespräch zu gestalten und die verborgenen Komplexitäten in etwas aufzuschlüsseln, das Sie verstehen und vielleicht sogar faszinierend finden können. Wir hoffen, dass Sie sich in der Lage fühlen, die KI-Kommunikation sicher zu meistern, ganz gleich, wo Sie angefangen haben.

WORTWAHL IN EINGABEAUFFORDERUNGEN

In Kapitel 3 liegt der Schwerpunkt auf den Wörtern, die zur Kommunikation mit KI verwendet werden, wobei jedes Wort mit der Absicht ausgewählt wurde, das volle Potenzial dieser cleveren Maschinen auszuschöpfen. Stellen Sie sich vor, Sie finden den richtigen Schlüssel für ein Schloss – jede kleine Kante und Kerbe hat ihren Platz, ist so gestaltet, dass sie sich reibungslos drehen lässt und neue Möglichkeiten eröffnet. Ebenso hängt die Wirksamkeit der KI von der sorgfältigen Auswahl von Wörtern ab, als würde man den am besten geeigneten Schlüssel für ein Schloss auswählen.

Bei dieser Reise geht es darum, den Grundstein für eine klare Kommunikation mit KI zu legen. So wie Sie eine Karte zeichnen, die direkt zum Schatz führt, lernen Sie, eine Sprache zu verwenden, die die KI auf den richtigen Kurs bringt. Stellen Sie sich vor, Sie erklären einem Freund ein Lieblingsspiel. Jede Regel ist sorgfältig ausgearbeitet, damit sie das Spiel so spielen können, wie es erlebt werden soll. Das ist hier die Aufgabe: Eingabeaufforderungen so vorzubereiten, dass die KI nicht nur mitspielt, sondern zu einem versierten Teilnehmer wird.

Jedes Wort in einer Eingabeaufforderung wirkt wie ein Zahnrad in einer Uhr – einzeln mögen sie klein erscheinen, aber zusammen sorgen sie dafür, dass sich die Zeiger präzise und zuverlässig bewegen. Ich führe Sie dabei an, zu verstehen, wie und warum bestimmte Wörter einen solchen Unterschied machen, und zeige Ihnen einfach die Schritte in einem Lieblingsrezept. Sie werden sehen, warum eine Prise Spezifität oder ein Schuss Klarheit den „Geschmack" von KI-

Interaktionen verbessern.

Nehmen wir zum Beispiel das Wort „abrufen". Für die KI ist es wie eine Taschenlampe, die auf den Handlungsweg strahlt, während ein Begriff wie „Suche" möglicherweise nur ein schwaches Licht ausstrahlt und Raum für Mehrdeutigkeiten und Fehltritte lässt. Ich zeige Ihnen, wie sich solche Entscheidungen auf das Ergebnis auswirken, genauso wie die Änderung einer einzelnen Anweisung die Ergebnisse eines Backvorhabens verändern kann.

Worte sind wichtig. Sie sind die Instrumente, die die Reaktionen der KI mit unseren Erwartungen in Einklang bringen. Am Ende dieses Kapitels werden Sie ein Verständnis für die Kunst der Wortauswahl in Eingabeaufforderungen haben und wissen, wie sie sich im größeren Rahmen der Rolle der Technologie in unserem Leben widerspiegelt. Alles auf eine Art und Weise, die sich wie ein freundliches Gespräch anfühlt, bei dem der Schlüssel umgedreht wird und die Tür zur mühelosen KI-Kommunikation geöffnet wird.

Wenn man sich mit den Nuancen der Wortauswahl für KI-Eingabeaufforderungen befasst, ist das so, als würde man die exakten Farben für eine Leinwand auswählen. Jeder Begriff, den wir aussprechen, fungiert als spezifischer Farbton, der das Verständnis und die Reaktionen der KI beeinflusst. Beispielsweise fordert das Wort „analysieren" die KI dazu auf, Daten zu untersuchen und daraus ein detailliertes Bild zu zeichnen, während „zusammenfassen" dazu anweist, schnell das Gesamtbild zu skizzieren. Die KI verfügt über eine mentale Landschaft, eine kognitive Karte, wenn Sie so wollen, und unsere Wortwahl ist die Orientierungshilfe – es ist, als würde man einem Fahrer sagen, er solle „links abbiegen" und nicht „leicht links abbiegen". Die angegebene Richtung bestimmt die Route.

Die Präzision der Sprache ist von entscheidender Bedeutung,

da sich die KI, ähnlich wie ein Kochanfänger, der einem Rezept folgt, auf die gegebenen Anweisungen verlässt, um das gewünschte Ergebnis zu erzielen. Wenn Sie diesem jungen Koch sagen, er solle „das Huhn kochen", lassen Sie viel Spielraum für seine Interpretation. Geben Sie ihnen stattdessen präzise Anweisungen: „Das Hähnchen bei mittlerer Hitze in der Pfanne anbraten, bis es goldbraun und durchgegart ist." Jetzt hat der Koch eine klare Abfolge von Schritten und ein klares Bild vom Endergebnis. Ebenso benötigt die KI spezifische, fein definierte Wörter, um eine Verwechslung zu vermeiden und sicherzustellen, dass sie etwas Schmackhaftes und Nützliches liefert.

Stellen Sie sich, wenn Sie so wollen, ein Flussdiagramm vor, in dem jeder Entscheidungspunkt ein Wort in Ihrer Eingabeaufforderung ist. Die KI erreicht diese Punkte und schlägt einen Weg ein, der von den von Ihnen gewählten Wörtern abhängt. Dies ist nicht unähnlich, wenn man einem gut markierten Wanderweg folgt; Klare und eindeutige Wegweiser verhindern, dass Sie abirren.

Betrachten wir eine KI, die zur Verwaltung Ihres Zeitplans entwickelt wurde. Sie könnten sagen: „Planen Sie meinen Tag", aber es ist so, als würden Sie Ihrem GPS einfach sagen: „Gehen Sie irgendwohin, wo es Spaß macht" – wo werden Sie am Ende landen? Verfeinern Sie jetzt Ihre Worte: „Vereinbaren Sie morgen um 10 Uhr einen Friseurtermin." Dieser Befehl ist so präzise wie die Eingabe exakter geografischer Koordinaten. Sie haben das Rätselraten beseitigt und die KI kann diesen Platz in Ihrem Kalender geschickt sichern, ohne dass eine Umleitung erforderlich ist.

Um diese Feinheiten zu verstehen, muss man die KI selbst verstehen – wie eine scheinbar geringfügige Abweichung in der Terminologie zu großen Unterschieden bei der Aufgabenausführung der KI führen kann. Die Technologie ist beeindruckend, ja, aber sie ist nicht grenzenlos. Wenn Sie diese erkennen, können Sie die Fähigkeiten intelligenter nutzen und sicherstellen, dass die Dienste der KI nicht nur futuristisch, sondern auch fest in der Gegenwart verankert und anwendbar sind.

Unter Beibehaltung dieser geradlinigen Erzählung bedarf diese Erkundung weder Pomp noch akademischer Komplexität. Es verzichtet auf den Schnickschnack und legt die komplizierte Mechanik der KI-Eingabeaufforderungen offen. Es geht darum, sich auf das Wesentliche des Konzepts einzulassen – eine klare Wortwahl – und zu vermitteln, wie sich dies auf die tatsächliche Funktionsweise auswirkt, ähnlich wie zu verstehen, wie die Zahnräder einer Uhr zusammenwirken, um die Zeit anzuzeigen. Ihr Verständnis wird nicht nur vertieft; Es ist praktisch gemacht, etwas, über das Sie bei einer Tasse Kaffee mit dem Gefühl gemeinsamer Entdeckungen diskutieren können. Das ist der Gipfel der Klarheit – technische Details werden auf einem menschlichen Teller serviert, wo die Weite des KI-Wissens mit Leichtigkeit und Gelassenheit auf Alltagsgespräche trifft.

Werfen wir einen tieferen Blick auf das Thema der sprachlichen Komponenten, aus denen eine KI-Eingabeaufforderung besteht. Betrachten Sie jede Aufforderung als ein Rezept und die Wörter, die Sie als Zutaten verwenden. Die Art und Weise, wie Sie diese Zutaten kombinieren – die Aktionsverben, Substantive, Adjektive und Adverbien – kann den „Geschmack" der Antwort, die Sie von der KI erhalten, erheblich verändern.

Aktionsverben ähneln den Hauptkochmethoden in unserem Rezept – Kochen, Braten, Rösten – sie signalisieren die Kernaktion, die wir von der KI erwarten. Vergleichen Sie „Berechnen" mit „Schätzen": „Berechnen" weist die KI an, eine präzise Reihe von Schritten zu befolgen, um einen genauen Wert zu ermitteln, ähnlich wie beim Abmessen von Zutaten auf ein genaues Gramm. „Schätzung" impliziert jedoch eine grobe Berechnung, vergleichbar mit dem Blick auf eine Prise Salz. Je

51

nachdem, welches Verb ausgewählt wird, sucht die KI entweder nach einem bestimmten Algorithmus zur Ausführung oder verwendet einen heuristischen Ansatz, um eine schnellere, weniger präzise Antwort zu liefern.

Substantive sind das „Was" unserer Aufforderungen – das A und O, wenn Sie so wollen. Sie lenken die Aufmerksamkeit der KI auf das konkrete Objekt bzw. Subjekt der Aufgabe. Wenn die KI unser persönlicher Küchenassistent ist und wir nach „Kaffee" fragen, weiß sie, dass dies die Hauptzutat ist. Wenn wir jedoch „arabischen Kaffee" angeben, versteht es die KI, diese bestimmte Sorte abzurufen.

Adjektive und Adverbien dienen als kulinarische Gewürze und Zeitanweisungen. Sie modifizieren und verdeutlichen und verleihen unseren Aufforderungen Nuancen. „Schnell" könnte eine KI-Verarbeitung mit hoher Geschwindigkeit bedeuten; „genau" deutet auf ein langsameres, methodischeres Tempo hin. Wenn wir möchten, dass unser Küchenassistent „schnell die Tomaten zerkleinert", fordern wir nicht nur zum Handeln auf, sondern weisen auch auf die Dringlichkeit hin.

Die Reihenfolge der Wörter ist von entscheidender Bedeutung, da sie Einfluss darauf haben kann, wie KI-Systeme, insbesondere solche, die auf der Verarbeitung natürlicher Sprache basieren, unsere Befehle verstehen und priorisieren. „Such mir ein Café in der Nähe" ist eine unkomplizierte englische Satzstruktur, mit der die meisten Sprachmodelle effektiv umgehen können. Allerdings kann die Angabe „Café in der Nähe finden" einige Modelle verwirren, da sie von der standardmäßigen englischen Reihenfolge abweicht, was möglicherweise zu weniger genauen Ergebnissen führt.

Lassen Sie uns nun über Modifikatoren und Qualifikationsmerkmale sprechen. Sie ähneln unseren Rezeptänderungen – „leicht", „meistens", „auf der Nordseite". Diese Begriffe helfen der KI bei der Feinabstimmung ihrer

Aktionen. Ein Befehl wie „Zeige mir ein Café mit Sitzgelegenheiten im Freien" verwendet den Qualifizierer „Sitzgelegenheiten im Freien", um die Art des gesuchten Cafés anzugeben und sicherzustellen, dass die KI alle Cafés herausfiltert, die nicht den Kriterien entsprechen.

Durch das Verstehen und Manipulieren dieser sprachlichen „Zutaten" können Sie die KI viel präziser steuern. Hier geht es nicht um komplexe Programmierung oder tiefgreifendes technisches Know-how; Es geht darum, eine Sprache zu sprechen, die die KI versteht, und sicherzustellen, dass sie Ihre Bedürfnisse so effizient wie möglich erfüllt.

Im Wesentlichen bedeutet eine effektive Kommunikation mit KI, dass Sie Ihre Eingabeaufforderungen mit bewusster Sorgfalt gestalten, so wie ein Koch ein typisches Gericht perfektioniert. Wenn Sie sich mit diesem Prozess vertraut machen, werden Sie den direkten Einfluss Ihrer Wortwahl auf das Verhalten der KI erkennen, wodurch jede Interaktion so effektiv wird, wie ein sorgfältig befolgtes Rezept die besten Aromen einer Mahlzeit hervorbringt.

Stellen Sie sich vor, Sie betreten eine Gourmetküche, in der jedes Gericht ein Crescendo an Aromen ist, sorgfältig zubereitet von einem mit einem Michelin-Stern ausgezeichneten Koch. Das ist das Maß an Finesse, das Sie bei der Auswahl der Wörter für Ihre KI-Eingabeaufforderungen anstreben. Wie ein Meisterkoch, der die genaue Menge jedes zu verwendenden Gewürzes kennt, wählen Sie Wörter aus, die so kalibriert sind, dass sie genau den Geschmack – oder im Fall von KI, die Reaktion – hervorrufen, die Sie wünschen.

Denken Sie darüber nach, wie eine Prise Salz den Geschmack einer Nudelsauce entfaltet oder wie die rechtzeitige Zugabe eines einzelnen Krauts einen einfachen Eintopf in die Welt des Erhabenen befördern kann. Jede Zutat spielt eine entscheidende Rolle, und zu wissen, wann und wie man sie einführt, ist die Kunst, die Sie in der sprachlichen Küche der KI-Eingabeaufforderungen beherrschen.

Dabei geht es jedoch nicht um High-Tech-Gadgets oder obskure Kochtechniken; Es ist die Vertrautheit Ihrer heimischen Küche, in der Sie sich über die gemeinsame Liebe zur Schöpfung unterhalten. Jedes Wort, das Sie wählen, jede Anweisung, die Sie geben, ist, als würden Sie ein Gericht nach dem Geschmack Ihrer Familie würzen. Ganz gleich, ob Sie einem lässigen Chatbot eine Prise Charisma oder einem Datenanalysetool eine Prise Präzision verleihen, Sie führen die Antwortvarianten zu einem köstlichen Reichtum an Klarheit und Nützlichkeit.

Während Sie hier sitzen, tief in die Gesprächsmischung vertieft, stellen Sie sich diese Worte als die Zahnräder hinter dem Denkprozess der KI vor. Sie müssen sich nicht durch technische Handbücher wälzen; Genauso wie man nicht in einer kulinarischen Enzyklopädie brütet, um eine herzerwärmende Mahlzeit zuzubereiten. Stattdessen probieren und passen Sie sich an und verleihen der Mischung einen Hauch von Magie.

Die Faszination liegt darin, Technik zum Klingen zu bringen, sie mit dem Alltag in Einklang zu bringen und unsere Realität zu bereichern. Die Eingabeaufforderungen, die Sie erstellen, sind mehr als nur Befehle; Sie sind eine Einladung an die KI, mit uns in dieser riesigen, sich ständig erweiternden digitalen Arena zu tanzen. Ansprechend und doch einfach; Reichhaltig und doch klar – der Dialog entfaltet sich und macht die komplexe Kunst der KI so beruhigend und herzerwärmend wie der Duft von Kaffee, den man unter Freunden genießt.

Hier ist ein tieferer Blick darauf, wie KI Sprache in Eingabeaufforderungen verarbeitet, wobei die Komponenten hervorgehoben werden, die zum Verständnis der KI von Befehlen beitragen:

- **Aktionsverben:**

- **„Analysieren"** veranlasst die KI, Daten gründlich zu untersuchen, oft unter Verwendung komplexer Algorithmen.

- **„Abrufen"** weist die KI an, bestimmte Informationen aus einer Datenbank oder einem Speicher zu lokalisieren und darzustellen.

- **„Berechnen"** weist die KI an, eine mathematische Operation durchzuführen und ein quantifizierbares Ergebnis zu liefern.

- **Ausdrucksstarke Verben** : Übermitteln Sie Emotionen oder Reaktionen (z. B. „Willkommen", „Danke").

- **Direktive Verben** : Rufen zum Handeln oder zur Einhaltung auf (z. B. „ausführen", „navigieren").

- **Operative Verben** : Operative Aufgaben einleiten (z. B. „starten", „stoppen").

- **Substantive und Entitäten:**

- KI verwendet Substantive wie „Tagesbericht", um das spezifische Objekt oder Subjekt für ihre Aktionen zu identifizieren.

- „Finanzzusammenfassung" bezeichnet eine speziellere Art

von Bericht, der eine Konsolidierung der Finanzdaten beinhalten kann.

- KI unterscheidet zwischen Entitäten, indem sie verwandte Konzepte kategorisiert und gruppiert, um kontextsensitive Antworten bereitzustellen.

- **Modifikatoren:**

- Adjektive wie „aktuell" weisen die KI an, sich auf neuere Daten oder Informationen zu konzentrieren.

- Adverbien wie „schnell" weisen auf die Dringlichkeit oder Geschwindigkeit der auszuführenden Aufgabe hin.

- Wörter wie „detailliert" und „Zusammenfassung" bestimmen den Grad der Tiefe oder Breite, der in der Ausgabe der KI gewünscht wird.

- **Syntax und Struktur:**

- Wortreihenfolge wie „Treffen Sie eine Besprechung um 9 Uhr morgens" bietet klare Zeit- und Handlungsanweisungen.

– Eine neu angeordnete Syntax wie „9-Uhr-Besprechungsplan" kann die Art und Weise ändern, wie die KI den Befehl analysiert und priorisiert, was möglicherweise zu Verwirrung oder Fehlinterpretationen führt.

- **Kontextbezogene Hinweise:**

- **Zeitliche Hinweise** : „Morgen", „nächste Woche" ermöglichen es der KI, den Zeitrahmen für Maßnahmen oder Informationsrelevanz zu interpretieren.

- **Räumliche Hinweise** : „im Konferenzraum", „auf dem Hauptserver" bieten standortbasierten Kontext für KI-Operationen.

- **Relationale Hinweise** : „Nach der Teambesprechung", „Vor der Veröffentlichung" helfen der KI, die Abfolge und Beziehungen zwischen Ereignissen oder Aufgaben zu verstehen.

Bei dieser detaillierten Analyse liegt der Schwerpunkt auf der Optimierung der KI-Kommunikation, bei der es darum geht, eine präzise Sprache zu formen, um einen klaren, effektiven Interaktionspfad zu schaffen. Es geht darum, sicherzustellen, dass jedes Verb, jedes Substantiv und jedes Qualifikationsmerkmal innerhalb von Eingabeaufforderungen ausgewählt und strukturiert wird, um die Reaktionen der KI erfolgreich zu steuern und die Aufgaben wie beabsichtigt zu erfüllen. Diese Feinabstimmung der KI-Kommunikation ähnelt der Perfektionierung eines Gourmetrezepts – jedes Wort spielt eine bestimmte Rolle und trägt zur Gesamteffektivität der Interaktion bei, so wie jede Zutat zum endgültigen Geschmack eines Gerichts beiträgt.

Betreten Sie die Bühne der Sprache, auf der selbst der subtilste Tonfall oder ein einzelnes Synonym das Verständnis der KI verändern kann – stellen Sie sich das wie eine leichte Berührung des Ruders vor, das ein Schiff steuert. Vergessen Sie die Vorstellung von KI als bloßer Codeverarbeitungsmaschine; Es ist sensibel für die Feinheiten unserer Sprache. Ein scheinbar so unbedeutender Begriff wie „schnell" versus „prompt" könnte die gesamte Vorgehensweise der KI umlenken.

Der Klarheit halber wollen wir dies aufschlüsseln. Nuancen in der Sprache sind wie die Verwendung verschiedener Gewürze beim Kochen. So wie eine Prise Kreuzkümmel das Profil eines Gerichts verändern kann, weist eine Nuance die KI darauf hin, ihre Reaktion anzupassen. Stellen Sie sich den Befehl „Sprechen" vor, der eine KI dazu veranlassen könnte, eine verbale Antwort zu geben. Passen Sie dies nun auf „Leise sprechen" an. Die KI weiß nun, dass die Lautstärke ihrer Stimme genauso wichtig ist wie der Akt des Sprechens.

Was die Intonation angeht: Sie ist nicht nur für das menschliche Ohr gedacht. Eine auf die Verarbeitung natürlicher Sprache trainierte KI kann erkennen, ob ein Satz mit einem Fragezeichen oder einem Punkt endet, auch wenn dies nicht explizit angegeben ist, und ihre Reaktion richtet sich nach diesem kleinen Hinweis.

Wenn Sie Synonyme auswählen, wählen Sie die Farbe für Ihre Sprachebene aus. Nehmen Sie den Befehl „Kaufen" an. Es ist unkompliziert, aber wenn man „Kauf" einschaltet, gibt es einen Hauch von Formalität, der der KI möglicherweise eine offiziellere Transaktion signalisiert.

Um dies in die Realität umzusetzen, stellen Sie sich ein Smart-Home-Gerät vor. Sie sagen „Musik abspielen", ein weit verbreiteter Befehl. Geben Sie „Jazzmusik leise spielen" an, und das Gerät schränkt das Genre ein und passt die Lautstärke an. Die Nuance – „sanft" – prägt das Ergebnis und definiert nicht nur, was gespielt wird, sondern auch, wie es gespielt wird.

Stellen Sie sich das so vor, als würden Sie die Objektive einer Kamera anpassen, um ein Motiv scharfzustellen. Jedes Wort, das wir wählen, verfeinert das Verständnis der KI und schärft das Bild, bis es kristallklar ist. Sie können sich den Prozess perfekt vorstellen, ohne sich jemals in Fachjargon vertiefen zu müssen.

Vergleichen Sie die KI während der gesamten Erkundung mit einem begeisterten Lernenden, der den Reichtum der menschlichen Sprache begreifen möchte. Betrachtet man die einzelnen Schichten, erkennt man, dass die KI nicht nur verarbeitet, sondern auch interagiert, und hier kommen ihre Fähigkeiten wirklich zur Geltung. Letzten Endes fühlt sich die Komplexität etwas näher an, sie ist fester Bestandteil unseres Alltagsgefüges und löst nicht nur Verständnis, sondern auch Faszination aus. Diese Reise durch Sprache und KI ist unaufdringlich in ihrer Tiefe, souverän in ihrer Präsentation und verbindet Punkte, die das Komplizierte fast intuitiv erscheinen lassen.

Jeder Teil dieses Gesprächs ist auf eine nachvollziehbare Art und Weise formuliert, voller Selbstvertrauen, aber frei von Vortäuschungen – es geht darum, Sie in eine Welt einzuladen, in der sich jedes Stück Wissen zugänglich anfühlt und jede Wendung durch technisches Gebiet sich wie ein Schritt auf vertrautem Terrain anfühlt.

Werfen wir einen tieferen Blick auf das Thema, wie KI die Feinheiten unserer Sprache verarbeitet. Wenn wir mit KI interagieren, insbesondere mit solchen, die über Funktionen zur Verarbeitung natürlicher Sprache (NLP) verfügen, interagieren wir mit Systemen, die nicht nur Wörter verstehen, sondern auch die Nuancen und den Kontext, die sie mit sich bringen.

Beispielsweise unterscheidet eine KI zwischen „schnell" und „prompt", indem sie den Kontext analysiert, in dem das Wort vorkommt, und auf seine umfangreichen lexikalischen Datenbanken verweist. „Schnell" kann mit unmittelbaren, überstürzten Handlungen in Verbindung gebracht werden, während „prompt" eine Konnotation von Pünktlichkeit und Formalität hat. Diese subtilen Unterschiede können die Dringlichkeit und Art der Aktionen der KI beeinflussen.

Unter der Haube arbeiten computerlinguistische Prinzipien

wie Sentimentanalyse und syntaktisches Parsen zusammen, um unsere Sprache zu entschlüsseln. Die Stimmungsanalyse ermöglicht es der KI, den emotionalen Ton hinter Worten zu interpretieren und die Absicht hinter einem Befehl zu erkennen. Syntaktisches Parsen zerlegt Sätze in ihre grammatikalischen Bestandteile und hilft der KI, die strukturelle Beziehung zwischen Wörtern zu verstehen.

KI nutzt semantische Interpretation, um kontextbezogene Hinweise zu verstehen. Diese Dolmetscher bewerten Eingabeaufforderungen durch Querverweise auf eine Vielzahl von Faktoren, einschließlich früherer Interaktionen und des aktuellen Situationskontexts. Wenn wir also eine KI anweisen, „leise zu sprechen", führt sie mehrere Aufgaben aus:

1. Spracherkennungsalgorithmen analysieren den Befehl und identifizieren den Imperativ „sprechen" und den Modifikator „leise".

2. Semantische Interpreter bewerten „sanft", um den Einfluss auf die Lautstärke und den Ton der KI-Stimme zu bestimmen.

3. Lautstärkeregelungsalgorithmen passen die Ausgabeeinstellungen entsprechend dem interpretierten Befehl an und reduzieren den Dezibelpegel, um den Erwartungen an „leise" zu entsprechen.

Jeder Schritt in diesem Prozess wird von Daten und Algorithmen gesteuert, die so konzipiert sind, dass sie die menschliche Kommunikation so genau wie möglich widerspiegeln. Tokens – einzelne Sprachteile wie Wörter oder Phrasen – werden mithilfe komplexer Computertheorie verarbeitet, analysiert und darauf reagiert. Dieses komplexe Netzwerk bildet die Schaltkreise, die es der KI ermöglichen, unsere wortbasierten Befehle zu verstehen und auszuführen.

Stellen Sie sich nun vor, Sie sitzen mir gegenüber an unserem Lieblingskaffeeplatz. Während wir an unseren frisch gebrühten Getränken nippen, verrate ich Ihnen ein kleines Geheimnis darüber, wie wir mit unseren Worten die digitale Welt gestalten. Stellen Sie sich einen Dirigenten vor, der mit dem Taktstock in der Hand vor einem Orchester steht. Mit jeder kleinen, bewussten Bewegung entlocken sie den Instrumenten einen anderen Ton, eine einzigartige Harmonie. In ähnlicher Weise kann man sich jedes Wort, das wir verwenden, als einen Taktstock vorstellen – der keine Streicher und Blechbläser leitet, sondern einen unsichtbaren Chor leitet, der aus KI-Algorithmen besteht.

Stellen Sie sich vor, Sie würden sich hinsetzen, um ein neues Handyspiel zu spielen. Sie tippen sanft auf den Bildschirm, um einen kleinen Sprung zu machen, und wischen kräftig, um einen Strich zu machen. Das Spiel reagiert präzise auf jede Berührung. Das ist die Art von Reaktionsfähigkeit, die wir pflegen, wenn wir mit KI sprechen. „Stornieren Sie meine Abendpläne", sagen Sie zu Ihrem digitalen Assistenten, und gerade als die Spielfigur über Hindernisse springt, entfernt der Assistent diese Ereignisse aus Ihrem Kalender – nicht mehr und nicht weniger.

Nun, die Worte sind einfach, aber ihre Wirkung ist tiefgreifend. Denken Sie an den Garten zu Hause, wie Wasser und Sonnenlicht ihn zum Blühen bringen. Unsere Worte sind wie diese Elemente, sie nähren den Boden der KI und helfen ihr, Reaktionen in voller Farbe und Detailreichtum hervorzubringen. Wir vermeiden es, unsere Konversation mit der schweren Fachsprache zu überfrachten, die das Verständnis erschwert, und entscheiden uns für eine Sprache, die so klar ist wie die Morgensonne, die durch unser Küchenfenster scheint.

Warum sind diese Nuancen wichtig? Genauso wie das perfekte Stimmen einer Gitarre vor einem Auftritt sorgt die

Verwendung der richtigen Worte in der richtigen Reihenfolge dafür, dass die KI den Ton anschlägt, der unseren Bedürfnissen und Erwartungen entspricht. Es geht nicht nur darum, einen unerbittlichen Datenstrom zu beherrschen; Es geht darum, an einem Austausch teilzunehmen, der so natürlich und bedeutungsvoll ist wie die Gespräche, die wir jeden Tag führen.

Sehen Sie, in unserem lockeren Kaffeehausgespräch zeige ich Ihnen ein Fenster in eine Welt, die oft voller Geheimnisse ist. Aber wenn wir uns mit jedem Konzept befassen, verwandeln wir etwas, das wie ferne, technische Algorithmen erscheinen mag, in das beruhigende Klicken eines Puzzleteils, das genau dort passt, wo es hingehört, in das Gesamtbild unseres täglichen Lebens. Jedes Wort, jede Nuance verleiht Tiefe und Klarheit, so wie jeder Schluck Kaffee diesen Moment zwischen uns bereichert – einfach und doch außergewöhnlich.

Hier erhalten Sie einen tieferen Einblick in die Art und Weise, wie KI die in Eingabeaufforderungen ausgedrückte differenzierte Sprache verarbeitet und so das Urteilsvermögen eines erfahrenen Kochs widerspiegelt, der die Aromen in einem raffinierten Gericht ausbalanciert:

- **Lexikalische Analyse:**

- KI-Systeme scannen und analysieren zunächst einzelne Wörter und Phrasen und weisen ihnen grammatikalische Kategorien wie Substantive, Verben und Adjektive zu.

- **Identifizierung von Schlüsselwörtern** : Bestimmung der Hauptsubjekte und Verben, die häufig die Aktion und den Fokus der Aufforderung definieren.

- **Kontextanalyse** : Berücksichtigung der umgebenden

Wörter und Phrasen, um die Wörter im Kontext zu verstehen, ähnlich wie das Verstehen eines Gewürzs im vollständigen Rezept.

- **Semantische Verarbeitung:**

    - KI interpretiert die tiefere Bedeutung von Wörtern und bringt sie mit Absichten und Implikationen in Einklang, ähnlich wie Aromen sich zu einem unverwechselbaren Geschmack verbinden.

    - **Semantische Netzwerke/Ontologien** : KI nutzt diese strukturierten Modelle, um Beziehungen zwischen Begriffen zu verstehen, beispielsweise „kaufen" als eine Form des „erwerbens".

- **Syntaktisches Parsen:**

    - KI zerlegt die Struktur eines Satzes, um die Bedeutung des Befehls zu ermitteln, und fügt die Hauptbestandteile der Sprache in einer kohärenten Reihenfolge zusammen.

    - **Parsing-Modelle** : Syntaxbäume und Abhängigkeitsdiagramme sind Beispiele dafür, wie KI-Modelle Satzstrukturen analysieren, die für die Entschlüsselung komplexer Anweisungen von entscheidender Bedeutung sind.

- **Stimmungsanalyse:**

    - KI erkennt die Stimmung oder Haltung, die durch Sprachwahlen vermittelt wird, und spürt den „Geschmack" der Wörter, so wie man den Gewürzgehalt eines Gerichts messen würde.

- **Stimmungsvariationen** : Dies teilt der KI mit, wie sie emotional reagieren soll, unabhängig davon, ob eine Aufforderung in Frustration, Freude oder Neutralität erfolgt, und prägt so den Interaktionsstil.

- **Pragmatisches Verständnis:**

- KI leitet aus Eingabeaufforderungen die beabsichtigte Botschaft ab und berücksichtigt dabei nicht nur die wörtlichen Wörter, sondern auch den zugrunde liegenden Zweck, ähnlich wie die Präsentation eines Gerichts seinen Essstil andeutet.

- **Pragmatik im Dialog** : KI nutzt den Kontext und bekannte Muster, um Gesprächshinweise zu interpretieren und ihr Verhalten so zu verfeinern, dass es den menschlichen Erwartungen im Dialog entspricht.

Unter Beibehaltung einer klaren und zugänglichen Erzählung enthüllt jeder dieser Punkte einen Aspekt der Sprachverständnismaschinerie der KI. Sie zeigen, dass es bei der differenzierten Kommunikation mit KI nicht darum geht, eine Flut von Fachbegriffen einzusetzen, sondern vielmehr darum, eine Sprache zu sprechen, die sowohl von Menschen als auch von Maschinen verstanden wird.

Begeben wir uns auf eine Reise durch die Struktur der KI-Sprache, oder wie wir es gerne nennen, der KI-Syntax. Stellen Sie sich ein ausgedehntes Straßennetz vor; Jeder Befehl, den Sie einer KI geben, ist so, als würden Sie eine Adresse in das GPS Ihres Autos eingeben. Diese Befehle oder Begriffe dienen als entscheidende Anweisungen, die die KI auf dem richtigen Weg halten und sie leiten, genau wie Straßenschilder Sie beim Abbiegen und Anhalten leiten.

Beginnen Sie mit dem Wesentlichen, der Grundlage unserer Navigation: den Begriffen selbst. Bei jedem handelt es sich um eine bestimmte Anweisung, einen Orientierungspunkt, nach dem die KI sucht. Stellen Sie sich „Öffnen" so vor, dass Sie Ihrem GPS mitteilen, dass es die Route starten soll – einfach, klar und funktional. Diese Wörter sind nicht nur Platzhalter; Es handelt sich dabei um direkte und auf den Punkt gebrachte Anweisungen, die der KI genau sagen, welche Maßnahmen sie ergreifen soll – etwa „öffnen", was „Zugriff beginnen" bedeutet.

Nun zur Syntax: Sie ist nicht so einschüchternd, wie sie klingt. Es ist lediglich die Anordnung von Wörtern, die ihnen gegebene Reihenfolge, die die Art und Weise prägt, wie KI Befehle verarbeitet. Platziere sie in der falschen Reihenfolge, und die KI könnte durcheinander geraten, genauso wie die Eingabe eines falschen Ziels dich von einer Klippe führen könnte. Deshalb strukturieren wir unsere Sätze sorgfältig, um einen reibungslosen Ablauf zu gewährleisten – ein „rechts abbiegen" muss vor „geradeaus" kommen, um sicherzustellen, dass die Reise einen Sinn ergibt.

Wenn wir tiefer gehen, stoßen wir auf die Pragmatik der Sprache in der KI. Es geht um den Kontext – nicht nur um das Verständnis dessen, was gesagt wird, sondern auch um die Absichten dahinter, ähnlich wie um den richtigen Zeitpunkt für einen Spurwechsel vor einer bevorstehenden Ausfahrt. Der Kontext von „Das Wetter melden" hängt beispielsweise davon ab, ob es sich um die Planung einer Veranstaltung oder nur um eine gelegentliche Anfrage handelt – etwa ein GPS, das wissen muss, ob Sie zu einem Geschäftstreffen unterwegs sind oder einfach nur eine gemütliche Autofahrt unternehmen.

Stellen Sie sich vor, Sie erklären einem Freund, der nicht so technisch versiert ist, ein komplexes Gerät. Sie würden keinen

Jargon verwenden, den sie nicht verstehen würden; Stattdessen würden Sie es aufschlüsseln und von einfacheren Konzepten zu komplexeren Funktionen aufbauen, bis Sie ein Gesamtbild erhalten.

Lassen Sie uns dies systematisch entfalten, ähnlich wie bei der Planung eines Weges von Ihrem aktuellen Standort zu Ihrem Ziel. Wir beginnen mit der Absicht, dem „Warum" hinter der Aufforderung: Was soll die KI für uns tun? Sobald das klar ist, beginnen wir mit der Ausarbeitung des „Wie": Wir wählen die richtigen Wörter aus und bringen sie in eine Reihenfolge, die die KI versteht. Bei jedem Schritt überprüfen Sie die Anzeige, um sicherzustellen, dass Sie in die richtige Richtung gehen und dass die KI Ihrer Führung folgt, ohne sich zu verlaufen.

Im Wesentlichen feilen wir an einem Dialog mit KI – ohne Schnickschnack, ohne Unklarheiten, nur mit einem klaren Gespräch, das uns von A nach B bringt. Und auch wenn das Ganze komplex klingen mag, ist die Realität viel einfacher. Es geht um Klarheit und Zielstrebigkeit, darum, unsere Anweisungen mit den Fähigkeiten der KI in Einklang zu bringen, ähnlich wie wir täglich unsere Interaktionen mit den Menschen um uns herum kalibrieren, um verstanden zu werden. Auf diese Weise wird jeder komplizierte Begriff und jede Syntax entschlüsselt und enthüllt, wie das Kontemplative und das Praktische zusammentreffen, um unsere Interaktion mit intelligenten Technologien zu gestalten. Das Ziel besteht darin, aufzuklären und sich zu engagieren, sodass Sie nicht nur Wissen erhalten, sondern auch das Gefühl haben, Teil dieser technologischen Entwicklung in unserem Alltag zu sein.

Wenn KI-Systeme auf menschliche Sprache treffen, verarbeiten sie diese in mehreren technischen Schritten, um sie zu verstehen und eine relevante Reaktion zu generieren. Im Folgenden finden Sie eine Aufschlüsselung dieser Schritte, einschließlich vereinfachter Pseudocodebeispiele zur Veranschaulichung:

- **Lexikalische Analyse:**

– Die KI untersucht eine Eingabeaufforderung und unterteilt sie in Grundeinheiten, sogenannte Token – wie Wörter und Satzzeichen.

- Pseudocode für einen lexikalischen Analysator (Tokenizer):

Python

def tokenize(prompt):

Dieser einfache Pseudocode zerlegt eine Zeichenfolge in Token

tokens = prompt.split() # Aufforderung basierend auf Leerzeichen in Wörter aufteilen

return [token.strip() for token in tokens if token] # Entfernen Sie alle leeren Token

- **Syntaktische Analyse:**

– Mithilfe der Token erstellt die KI einen Analysebaum, der die grammatikalische Struktur der Eingabeaufforderung darstellt.

- Pseudocode zum Erstellen eines Parse-Baums:

Python

def parse(tokens):

Dieser Pseudocode stellt eine einfache Struktur für einen Parse-Baum dar

Baum = {}

für Token in Token:

Weisen Sie jedem Token eine Rolle im Satz zu (Subjekt, Verb, Objekt usw.)

Dies ist vereinfacht; Das tatsächliche Parsen ist komplexer und kontextbezogener

tree[token] = 'role_in_sentence'

Rückkehrbaum

- **Semantische Interpretation:**

- Die KI interpretiert die Bedeutung der Token durch Anwendung von Kontextwissen und vordefinierter Logik.

- Pseudo-Eingabeaufforderungen für semantische Unterschiede:

- „Öffne die Tür" vs. „Brich die Tür auf." Obwohl es sich bei beiden um eine Tür handelt, sind die Aktionen und die damit verbundene Bedeutung unterschiedlich.

- **Pragmatik und Kontextverständnis:**

- KI berücksichtigt den Kontext, in dem die Aufforderung gegeben wird, und nutzt ihn, um auf die Absicht hinter den Worten zu schließen.

- Pseudo-Eingabeaufforderungen für den Kontext:

- In einem Café-Szenario bedeutet „Spielen Sie etwas Musik" wahrscheinlich eine Hintergrund-Playlist, während es bei einem Konzert bedeutet, die Hauptaufführung zu starten.

- **Generierung von Antworten:**

- KI nutzt die analysierten Daten, um mithilfe von Sprachgenerierungsalgorithmen geeignete Antworten zu generieren.

- Pseudocode zur Generierung von Antworten:

Python

```
def generic_response(parse_tree):
```

Formulieren Sie basierend auf den Rollen und dem Kontext eine Antwort

Dies ist ein rudimentäres Beispiel; Sprachgenerierung ist ein komplexes Gebiet

```
if 'verb' in parse_tree und parse_tree['verb'] == 'open':
```

Antwort = „Ich öffne die Tür."

Rückantwort

Jeder dieser Schritte, vom ersten Blick der KI auf die Aufforderung bis zu ihrer endgültigen Reaktion, hängt von hochentwickelten Algorithmen und Modellen ab, die das digitale Äquivalent kognitiver Prozesse darstellen. Die lexikalische Analyse bricht den Satz auf, die syntaktische Analyse ordnet die Fragmente, die semantische Interpretation braut Bedeutung und die Pragmatik fügt sich in den Kontext ein, was in der Antwort der KI gipfelt – einer Antwort, die darauf abzielt, unseren Erwartungen so genau zu entsprechen, wie ein Spiegel ein Bild widerspiegelt .

Das Verstehen dieser Vorgänge ist wie das Erlernen des Rezepts hinter einem Lieblingsgericht. Es reicht nicht aus, die Zutaten zu kennen; Man muss auch verstehen, wie man sie perfekt kombiniert und zubereitet. Ebenso kann die Beobachtung jedes Schritts, den die KI zur Verarbeitung unserer Sprache unternimmt, unseren Einsatz von Technologie erleichtern und dafür sorgen, dass sich die kompliziertesten Systeme so vertraut anfühlen wie Haushaltswerkzeuge.

Stellen Sie sich vor, Sie bereiten sich auf einen Roadtrip vor. Sie geben auf Ihrem GPS das Ziel ein: die gemütliche Berghütte, die Sie für das Wochenende gemietet haben. Es verspricht eine herrliche Auszeit vom Trubel der Stadt und Sie haben Ihre Koffer gepackt und sind gespannt auf die Ruhe, die Sie erwartet. In diesem Moment ist Ihr Vertrauen in das GPS unerschütterlich; Sie erwarten, dass es Sie mühelos und reibungslos durch jede Kurve und Umgehung führt . Es ist das gleiche Vertrauensgefühl, das Sie sich wünschen, wenn Sie mit der KI sprechen – indem Sie Ihren mentalen Wortkatalog durchblättern und am Ende eine Aufforderung erhalten, die die KI zum Handeln bewegt, ähnlich wie das GPS bei Ihrer Berührung voller Versprechen aufwacht.

Während Sie durch die Straßen der Stadt schlängeln, kündigt das GPS jedes Manöver an. Sie folgen ihm, getröstet von seiner Zuversicht, während Wahrzeichen und Straßenschilder an Ihnen vorbeiziehen. Jede Richtung des GPS fühlt sich an wie ein Freund auf dem Beifahrersitz, der mit Sicherheit den Weg weist. Wenn Sie in einer KI-Eingabeaufforderung die richtigen Wörter zusammenfügen, stellen Sie eine Reise dar, die die Technologie nehmen soll. Sagen Sie: „Vereinbaren Sie einen Friseurtermin für nächsten Donnerstag", und wie der beste Co-Pilot geht die KI auf Ihre Anfrage ein, stellt die Aufgabe so einfach ein, wie das GPS Ihren Weg aufzeichnet, und vermeidet Missverständnisse.

Aber vergessen wir nicht: So wie ein GPS in einem Tal ohne Signal ins Stocken geraten kann, hat auch die KI ihre Grenzen. Dies zu wissen ist Teil der Reise – so wie die Erinnerung daran, Offline-Karten herunterzuladen. Es geht darum, sich auf den Weg zu machen, ausgestattet mit dem Wissen, dass KI zwar gefallen möchte, aber von einer klaren, direkten Sprache lebt. Es sind keine blumigen Verzierungen oder technischen Fachbegriffe erforderlich; nur die schlichte Poesie einer gut formulierten Aufforderung, klar wie der Glockenschlag, der „Sie sind angekommen" ankündigt, als die Hütte endlich in Sicht kommt.

Während Sie vor dem stillen Wasserfall der Berge sitzen, wird Ihnen klar, dass es bei der richtigen Reaktion der KI nicht darum geht, ein Technikexperte zu sein – es geht darum, eine gemeinsame Sprache zu sprechen und eine Brücke aus Worten zu bauen, die Ihre Absichten über die digitale Kluft hinweg trägt . Wenn wir also bei dampfenden Tassen plaudern, stellen Sie sich jede Lektion in KI als eine Meile auf unserer gemeinsamen Fahrt vor – eine Route voller Lachen, großer Augen und der stillen Befriedigung mühelosen Verstehens. Hier, im Atlas unseres Gesprächs, wird die komplexe Welt der KI zu einem Ort, an dem Sie sich problemlos zurechtfinden – ein Ziel, das so einladend und vertraut ist wie dieser Rückzugsort in den Bergen.

Werfen wir einen tieferen Blick auf das Thema KI und menschliche Interaktion, insbesondere auf die Linguistik und Algorithmen, die es KI-Systemen ermöglichen, uns zu verstehen. Es beginnt mit einem Satz – Ihrem Befehl, Ihrer Frage oder Ihrer Bitte. Die KI, die Ihnen gerne helfen möchte, tritt in Aktion und beginnt, Ihre Worte zu verarbeiten, wie ein akribischer Bibliothekar, der Bände von Wälzern sortiert.

<u>Lexikalische Analyse:</u>

Dies ist der erste Schritt, bei dem die KI Ihren Satz in

verdauliche Teile, sogenannte Token, zerlegt. Dies können Wörter, Phrasen oder Satzzeichen sein.

Python

```
# Pseudocode für die Tokenisierung

def tokenize(Satz):

    tokens = Satz.split() # Teilen Sie den Satz in Wörter auf

    return [token.strip() for token in tokens if token] # Token bereinigen
```

Syntaktische Analyse:

Nachdem nun die Token ausgelegt sind, untersucht die KI die Satzstruktur: Funktioniert dieser Token als Substantiv, Verb oder Adjektiv? Es erstellt eine Karte Ihres Satzes, einen syntaktischen Baum, der dabei hilft, die grammatikalischen Beziehungen zwischen den Wörtern zu erfassen.

Semantische Analyse:

Sobald die Struktur vorhanden ist, untersucht die KI die Bedeutung und Semantik Ihres Satzes. Mithilfe von Modellen des maschinellen Lernens misst es, was jedes Wort im Kontext bedeutet. Es ist ein KI-Detektiv, der ein Rätsel löst:

Python

```
# Pseudocode zur semantischen Analyse

def interpretieren(Baum):

    für Knoten im Baum:

        # Nutzen Sie Kontext- und Modellwissen, um auf die
        Bedeutung zu schließen

        Bedeutung = model.infer(node)

        node.set('Bedeutung', Bedeutung)
```

Pragmatik und Kontextverständnis:

Jetzt blickt die KI über Worte hinaus in die Pragmatik – wie beeinflusst der reale Kontext die Absicht der Eingabeaufforderung? Es berücksichtigt die Einstellung, den Verlauf des Benutzers und den Ton der Eingabeaufforderung und passt seine Reaktion entsprechend an.

Antwortgenerierung:

Nachdem die KI Ihren Befehl verstanden hat, erstellt sie schließlich eine Antwort. Es wählt Wörter präzise aus und formuliert eine Antwort, die Ihrer Absicht entspricht, ähnlich wie ein erfahrener Schriftsteller das perfekte Ende seiner Geschichte wählt.

Python

Pseudocode zur Antwortgenerierung

def generic_response(Interpretation):

Response_plan = Planner.plan(Interpretation) # Planen Sie die Reaktion basierend auf der Interpretation

Response = language_generator.generate(response_plan) # Erzeugen Sie eine Sprachantwort

Rückantwort

Entscheidungsbäume für maschinelles Lernen und Kontexterkennungsalgorithmen stellen sicher, dass die Antworten der KI nicht nur genau, sondern auch angemessen zugeschnitten sind, ähnlich wie ein GPS Routenoptionen basierend auf Ihren Fahrpräferenzen anbietet.

Vereinfacht ausgedrückt ist das, was wir hier haben, so, als würde man jemandem ein neues Kartenspiel beibringen – klare Regeln, ein Hauch von Strategie, gefolgt von einem unterhaltsamen, befriedigenden Spiel. Jeder Schritt ist entscheidend, doch der Prozess ist nicht nur Technikexperten vorbehalten; Es ist für jeden zugänglich, der neugierig genug ist, es zu lernen. Das ist es, was wir tun: Wir entmystifizieren den Dialog mit digitalen Begleitern, zeigen Ihnen, wie jede Anweisung interpretiert und umgesetzt wird, und machen Interaktionen problemlos und zuverlässig. Der Zauber liegt nicht in der Raffinesse der verwendeten Begriffe, sondern in der Art und Weise, wie sich diese Technologie in das Gefüge unserer täglichen Routinen einfügt, auf uns reagiert, von uns lernt und, ja, uns gelegentlich verwirrt, wie es jeder gute Freund tun könnte.

Wenn Sie ein Wort für eine KI-Eingabeaufforderung auswählen, ist das so, als würden Sie ein Kameraobjektiv fokussieren. So wie durch Drehen des Objektivs angepasst wird, ob das Foto unscharf oder scharf ist, verfeinert jede Wortänderung, was die KI versteht und wie sie reagiert. Wenn Sie also „Scannen" anstelle von „Ansehen" verwenden, fordern Sie von der KI unterschiedliche Aufmerksamkeitsgrade. „Scannen" deutet auf einen umfassenden, detaillierten Vorgang hin, ähnlich dem Heranzoomen für eine Nahaufnahme, während „Ansehen" eine beiläufige, umfassendere Ansicht bedeuten könnte, etwa einen Schritt zurücktreten, um einen weiteren Blickwinkel zu erhalten.

Um dies schrittweise zu erklären, betrachten Sie die erste Aktion – die Wahl des Wortes. Es ist Ihr Hauptwerkzeug, in diesem Fall Ihre Kamera. Die Bedeutung des Wortes ist die Linse, durch die die KI Ihren Befehl interpretiert. In jeden Begriff sind Anweisungen eingebettet, die die KI dazu veranlassen, Aufgaben auszuführen, die so spezifisch sind, wie Ihr Befehl es vorschreibt. Wenn Sie beispielsweise sagen: „Meine Nachmittagsbesprechung löschen", konzentriert sich die KI auf das Ereignis und bestimmt, welches Ereignis aus Ihrem Terminplan entfernt werden soll. Dies ähnelt dem Versetzen der Kamera in den Porträtmodus, um ein Motiv klar einzufangen und alles andere unscharf zu machen.

Aber was passiert, wenn Sie die Wörter wechseln und „löschen" mit „neu planen" vertauschen? Hier ist das Verständnis der Mechanik von entscheidender Bedeutung. „Umplanen" führt zu Komplexität; Es erfordert, dass die KI nicht nur das Ereignis erkennt, sondern auch einen neuen

Zeitpunkt dafür findet. Möglicherweise müssen Sie auf Ihre Einstellungen zugreifen oder Ihren Kalender auf offene Stellen überprüfen, ähnlich wie ein Fotograf das Licht beurteilt und die Verschlusszeit für eine Actionaufnahme anpasst.

Stellen Sie sich diese Interaktion nun real vor. Wörter wie „dringend" oder „hohe Priorität" wirken als Signale und verstärken den Antrieb der KI, Ihrer Anfrage Priorität einzuräumen. Es ist ein klarer Befehl, vergleichbar mit der Einstellung der Blende an Ihrer Kamera, um wichtige Details scharf hervorzuheben und andere in den Hintergrund zu drängen.

Während sich die Erzählung entfaltet, spiegelt sich bei jedem Schritt die Grundidee wider – die Wirksamkeit der Wortauswahl bei der Steuerung der KI. Es ist nicht in verschwommenem Fachjargon versteckt. Stattdessen veranschaulicht jedes Detail anschaulich, wie die richtigen Worte das Ergebnis Ihrer Interaktion mit KI prägen, so wie die genauen Einstellungen einer Kamera das Ergebnis Ihres Fotos bestimmen.

Und während wir uns durch die Einzelheiten wühlen, ist das Ziel, diese Elemente zu einem kohärenten Verständnis zusammenzufügen, egal wie detailliert wir vorgehen – unter Berücksichtigung von Stimmungsanalysen oder Entscheidungsbäumen für maschinelles Lernen. Es soll gezeigt werden, wie Präzision, genau wie in der Fotografie, die gewünschten Ergebnisse in den Fokus rückt und die Raffinesse der Technologie mit der praktischen, alltäglichen Anwendung verbindet.

In unserem Diskurs – unserer Führung durch die Landschaft der KI-Kommunikation – durchqueren wir also ein Terrain, das sowohl komplex als auch eng mit der Art und Weise verbunden ist, wie wir leben und mit unseren Geräten interagieren. Das Ergebnis? Ein Gespräch, das aufschlussreich ist, ohne zu überfordern, sodass Sie nicht nur über KI informiert sind, sondern auch bereit sind, dieses Wissen so selbstverständlich zu nutzen, als würden Sie Ihre Kamera in die Hand nehmen, um einen Moment festzuhalten, mit Zuversicht und Klarheit über Ihre Absichten.

Im komplexen Tanz der Mensch-KI-Kommunikation ist die Fähigkeit der KI, Sprache zu verarbeiten und Befehle auszuführen, ein vielschichtiges Ballett aus Mustererkennung, Entscheidungsfindung und Aktion. Lassen Sie uns diesen Prozess durchgehen, den Vorhang hinter das Innenleben der KI öffnen und die entscheidende Rolle von Sprachnuancen bei der Steuerung ihrer Logikmuster erläutern.

Tokenisierung:

Eine KI beginnt damit, eine Aufforderung in verdauliche Stücke – oder Tokens – zu zerlegen, ähnlich wie ein Koch Zutaten vor dem Kochen segmentiert.

Python

```
def tokenize(prompt):

    # Diese Funktion zerlegt einen Satz in eine Liste von Wörtern

    return prompt.split()
```

Beispiel für eine Pseudo-Eingabeaufforderung:

Eingabeaufforderung: „Vereinbaren Sie ein Treffen mit Bob."

KI-Tokens: ['Schedule', 'a', 'meeting', 'with', 'Bob']

Der einfache Satz dient als Vorgeschmack auf das komplexe Fest der Algorithmen der KI.

Wortart-Tagging:

Nach der Tokenisierung kategorisiert die KI Wörter in ihre jeweiligen Wortarten, ähnlich wie bei der Lokalisierung verschiedener Lebensmittelgruppen – Proteine, Kohlenhydrate und Fette.

Python

```
def tag_parts_of_speech(tokens):
```

Hier werden Token als Verben, Substantive usw. identifiziert.

```
tags = {'Schedule': 'Verb', 'meeting': 'Noun', 'Bob': 'Eigenname'}
```

Rückgabe-Tags

Die KI entschlüsselt auf geniale Weise die Rolle jedes Wortes in Ihrem Befehl.

Abhängigkeitsanalyse und NER:

Die KI geht tiefer und bildet Beziehungen zwischen Token ab, vergleichbar mit dem Verständnis, wie Gewürze gemischt werden, um den Geschmack eines Gerichts hervorzuheben.

Python

```python
def parse_dependencies(tokens, tags):
```

Erstellen Sie eine Struktur, die beschreibt, wie Wörter sich auf die Absicht des Sprechens auswirken

```python
    return {'Schedule': [('meeting', 'direct object'), ('with', 'preposition'), ('Bob', 'p-object')]}
```

Named Entity Recognition (NER) geht auf Einzelheiten ein – es identifiziert „Bob" als Individuum und hebt seine Bedeutung für das geplante Ereignis hervor.

Absichtserkennung:

KI beurteilt die Absicht hinter Worten, ähnlich wie ein Detektiv Hinweise zusammenfügt, um einen Fall zu verstehen. Es antizipiert das „Warum" hinter Ihrem Befehl.

Python

```
def discover_intent(tags, Struktur):
```

Analysieren Sie Tags und Struktur, um die Absicht des Benutzers zu erkennen

```
wenn 'Verb' in tags.values() und 'Schedule' in Tags:
```

Rückkehr zu „Besprechungsplanung"

Die KI interpretiert den Zweck des Befehls, entfaltet Ihre Anfrage und sät den Grundstein für eine passende Antwort.

Ausführungspfade und Antwortmechanismen:

Wenn das Verständnis gesichert ist, navigieren die KI-Algorithmen einen Ausführungspfad entlang und wählen die richtige Reihenfolge aus – was an einen Maestro erinnert, der eine Symphonie zum Crescendo führt.

Python

```
defexecute_action(intent, entities):
```

Die KI führt die Aufgabe gemäß der Eingabeaufforderung aus

```
if intent == 'Meeting Scheduling':

create_meeting(entities['Bob'])

return „Treffen mit Bob ist geplant."
```

Wenn diese Stücke im Spiel sind, ist die Choreografie der KI klar. Es passt sich Ihren Worten an wie ein Orchester, das auf die erste Note achtet und Phrasen in harmonisierte Handlungen übersetzt, die Ihren Wünschen entsprechen. Jede Bitte – eine Note in der Symphonie. Jede KI-Aktion – ein Takt im Rhythmus des digitalen Lebens.

In diesem großen Orchestergraben voller Technik sind Ihre Ansagen der Taktstock, der die Aufführung leitet. Mit jeder Artikulation erzeugen Sie eine neue Melodie, einen anderen Rhythmus und verdeutlichen so die Stärke der KI-Kommunikation. Mit unserer Erzählung haben wir Ihnen dieses mechanisierte Ballett nicht in den esoterischen Begriffen eines Technikbegeisterten dargelegt, sondern in der offenen, knackigen Umgangssprache des Alltagsvirtuosen. Dies ist Ihr Reiseführer, Ihr Programm für die Abläufe hinter den Kulissen – eine Geschichte, die ohne Unklarheiten erzählt wird, Ihr VIP-Backstage-Zugang zur Symphonie der KI.

Stellen Sie sich vor, Sie sind mit Ihrer Kamera unterwegs und bereit, den geschäftigen Stadtmarkt des Tages auf Fotos festzuhalten. Sie richten den Rahmen für Ihre Aufnahme ein und können mit einem Knopfdruck entweder durch den Sucher „suchen" und die Szene auf einen Blick scannen oder „abrufen" und sich genau auf die farbenfrohe Obstauslage eines Verkäufers konzentrieren. Diese Wahl – ein einzelnes Wort im Vokabular Ihrer KI – funktioniert genauso wie der Fokusmodus Ihrer Kamera.

Angenommen, Sie leiten „Suche" an Ihre KI weiter; Es ist, als würden Sie Ihre Kamera auf Panoramaansicht einstellen. Die KI versteht, dass Sie einen umfassenden Überblick über Informationen wünschen. Es ist breit und allumfassend, überfliegt die Oberfläche und sammelt alles und jedes, was mit Ihrer Anfrage in Zusammenhang stehen könnte. Wie ein Foto, das den gesamten Marktbereich einfängt, ist es zwar voll, aber vielleicht fehlt es an Details.

Flüstern Sie nun „Abrufen" in das virtuelle Ohr Ihrer KI. Sie haben gerade hineingezoomt. Die KI verengt ihre elektronischen Augen und durchsucht die Daten, um etwas Präzises, etwas Bestimmtes zu finden – ähnlich wie Sie Ihren Fokus anpassen, bis der scharfe Umriss des Apfels in der Unschärfe der Menge hervorsticht. Es geht nicht nur ums Schauen; Es geht darum, genau den Apfel zu finden und zu präsentieren, den Sie am Stand auswählen würden.

In Ihren Händen prägen Worte die Funktion der KI. Ähnlich wie das Anpassen Ihrer Kameraeinstellungen ein Lächeln aufhellt oder einen Hintergrund unscharf macht, sorgt die Optimierung Ihrer Befehlswörter – Ihrer „Suche" bis „Abrufen" – für eine andere Klarheit dessen, was die KI Ihnen zurückgibt.

Und warum ist das wichtig, fragen Sie sich, während wir

gemütlich mit Tassen in der Hand plaudern? Es geht um Kontrolle im digitalen Zeitalter. Es bedeutet zu wissen, dass Sie die KI mit einer einfachen Wortbewegung anweisen, entweder die Oberfläche abzusuchen oder nach den Perlen zu tauchen. Ihr Befehl formt die Kaskade der KI-Aktionen, und die Reaktion – so klar wie die perfekte Aufnahme oder so allgemein wie ein breiter Schnappschuss – verändert die Erzählung Ihrer Tagesaufgaben.

Sie sehen, der Tanz mit KI ist heikel. Es geht darum, die Schritte zu lernen, um nicht nur mit Autorität, sondern auch mit Finesse zu befehlen. Während wir an der bitteren Wärme des Kaffees nippen, wird Ihnen klar, dass es sich hierbei nicht nur um Algorithmen und Datenpunkte handelt; Es sind die Pinsel und Farbtöne, mit denen Sie die Leinwand Ihrer digitalen Interaktionen bemalen – einfach und doch tiefgründig. Dabei handelt es sich nicht nur um KI; Es ist Ihr Handwerk in dieser wimmelnden, von Technik durchdrungenen Welt.

Werfen wir einen tieferen Blick auf das Thema künstliche Intelligenz und tauchen wir ein in die Art und Weise, wie KI-Systeme zwischen ähnlichen, aber unterschiedlichen Befehlen wie „Suchen" und „Abrufen" unterscheiden. So wie ein kluger Freund komplexe Fachsprache in Alltagssprache entschlüsseln würde, werden wir die internen Prozesse der KI erforschen – wie Computerlinguistik eine präzise und genaue Aufgabenausführung ermöglicht.

Wenn eine KI eine Eingabeaufforderung erhält, zerlegt ihr NLP-System (Natural Language Processing) diese zunächst in Token – ein Vorgang, der als Tokenisierung bezeichnet wird. Dabei zerlegt die KI die Eingabe in ihre grundlegendsten Elemente, wie Wörter oder Satzzeichen:

Python

```
# Beispiel für eine Tokenisierung

def tokenize_input(input_string):

return input_string.split('')
```

Angenommen, eine KI erhält den Befehl „Suche nach historischen Dokumentationen". Folgendes passiert:

1. **Tokenisierung** : Die KI unterteilt sie in „Suche", „nach", „historisch", „Dokumentarfilme".

2. **Parsing** : Jeder Token wird auf seine grammatikalische Rolle hin analysiert. Analysemodelle wie rekursive neuronale Netze oder kontextfreie Grammatiken helfen der KI herauszufinden, dass „Suchen" ein Verb ist und „Geschichten, Dokumentationen" die Objekte der Suche sind.

3. **Semantische Interpretation** : Nachdem die Befehlsstruktur verstanden wurde, geht die KI zur semantischen Analyse über und verwendet Algorithmen, um die Bedeutung zu verstehen. Es vergleicht diese Token mit einer umfangreichen Bibliothek bekannter Wörter, ihrer Bedeutungen und Assoziationen durch Worteinbettungen, die semantische Informationen über Wortgebrauch und -kontext erfassen.

4. **Absichtsklassifizierung** : Spezielle Modelle für maschinelles Lernen, wie z. B. Long Short-Term Memory Networks (LSTMs) oder Transformers, werten den Befehl im Kontext der Aufgabe aus, um die Absicht hinter „Suche" zu klassifizieren. Die KI stellt fest, dass der Benutzer nach einem

breiten Spektrum an Inhalten im Zusammenhang mit historischen Dokumentationen sucht, und leitet einen Prozess ein, um die verfügbare Datenbank oder das Internet umfassend zu durchsuchen.

Betrachten Sie nun einen etwas anderen Befehl: „Die neueste historische Dokumentation abrufen." Die KI wiederholt den Tokenisierungs- und Parsing-Prozess:

1. **Lexikalische Analyse** : „abrufen", „das", „neueste", „historische", „dokumentarische".

2. **Parsing und semantische Interpretation** : Es gelten ähnliche Parsing-Techniken, aber die Semantik ändert sich. Die KI erkennt „Abrufen" als eine Aktion, die es erfordert, einen bestimmten Gegenstand zu lokalisieren – wohl eine einzigartigere Aktion als „Suchen".

3. **Absichtsklassifizierung** : Hier erkennen Klassifikatoren, dass „Abrufen" eine definitive Aktion erfordert, bei der wahrscheinlich ein einzelner, aktuellster Inhalt abgerufen wird und nicht nur Optionen aufgelistet werden.

Während dieses Prozesses richtet die KI ihre elektronischen Synapsen so aus, dass diese Befehle den richtigen Funktionen zugeordnet werden. Es ist, als wäre Ihre KI ein akribischer Bibliothekar, der anhand Ihrer Bedingungen errät, ob er Ihnen einen Teil des Archivs zeigen oder Ihnen ein bestimmtes Hauptbuch aushändigen soll.

Die endgültige Aktion – die Reaktion der KI – hängt von diesen Mikrobewegungen der Erkennung und Interpretation ab. Es übersetzt die Rechensprache in eine Aufgabe, die nach Abschluss im Idealfall Ihre Anforderungen so genau widerspiegelt, als ob Sie es selbst getan hätten.

Die Wahl der richtigen Worte für eine KI ist ein bisschen so, als würde man eine Geschichte schreiben, die man singen möchte. Beginnen Sie mit einfachen Sätzen , die der KI mitteilen, was Sie brauchen, und verweben Sie diese Sätze in Aufforderungen, die mühelos zu Aktionen führen. Das Ziel besteht darin, Eingabeaufforderungen zu erstellen, die gut zusammenpassen und ein klares Bild ergeben, wie eine Geschichte, die Sie Seite für Seite in ihren Bann zieht.

Stellen Sie sich jedes Wort als Werkzeug vor – nicht als etwas aus einem schicken technischen Handbuch, sondern eher wie ein Schraubenschlüssel oder ein Pinsel. Sie würden keinen Schraubenschlüssel verwenden, wenn Sie einen Pinsel benötigen, und das Gleiche gilt für die Auswahl von Wörtern für Ihre KI. Der Begriff „dringend" weist die KI beispielsweise an, eine Aufgabe zu priorisieren, genauso wie „Durchsuchen" ein gemächlicheres Durchsuchen von Informationen suggeriert.

Stellen Sie sich vor, Sie durchsuchen eine Werkzeugkiste und suchen nach dem richtigen Werkzeug für die Arbeit zu Hause. Es ist eine praktische Aufgabe, die im Alltag verankert ist. Das Erstellen von KI-Eingabeaufforderungen ist ähnlich. Sie wählen Wörter aus und setzen sie zusammen, um die KI in Bewegung zu setzen, so als würden Sie einen Schraubenzieher auswählen und ihn drehen, um einen losen Griff festzuziehen.

Beim Zusammensetzen dieser Wörter ist es wichtig, dass es sich dabei nicht nur um Befehle handelt; Es sind Gespräche mit einer Maschine, die das Leben ein wenig einfacher machen soll. Der Aufprall? Ähnlich wie das Wissen, wie man den Türgriff richtig befestigt, dazu führt, dass sich eine Tür reibungslos öffnet, sorgen die richtigen Eingabeaufforderungen dafür, dass die KI Sie klar versteht und das abstrakte Konzept der KI-Kommunikation in ein praktisches, alltägliches Werkzeug verwandelt.

Während Sie weiterlesen, laden Sie die Worte zu einer

Erzählung ein, die sich auf die Entmystifizierung von Technologie konzentriert und jeden Teil erklärt, ohne davon auszugehen, dass Sie einen Abschluss in Informatik haben. Hier herrscht Klarheit – die Zusammenfassung wird konkretisiert, sodass Sie nicht nur gebildet sind, sondern auch bereit sind, dieses neue Verständnis so natürlich anzuwenden, als würden Sie Ihre Lieblings-App auf Ihrem Telefon verwenden. Es ist die Art von Chat, die ebenso unterhaltsam wie aufschlussreich ist und die Einfachheit und Kraft der Mensch-KI-Interaktion vermittelt.

BASTELFRAGEN FÜR KI

In Kapitel 4 erkunden wir einen Ort, an dem jede sorgfältig ausgewählte Frage mithilfe von KI einen Schatz an Wissen freisetzen kann. Das Stellen von KI-Fragen geht über die Eingabe von Befehlen hinaus – es geht darum, eine sinnvolle Konversation zu schaffen und Punkte zu verbinden, die uns unseren digitalen Gegenstücken näher bringen. Wir betreten ein Handwerk, das Präzision mit Neugier verbindet und uns auf den Weg zu einer fließenden und effektiven Kommunikation mit Technologie führt. Hier liegt der Fokus nicht auf einer komplizierten Codierung, sondern auf der Eleganz des Fragens. Wir werden die Komplexität der Art und Weise, wie KI unsere Anfragen interpretiert, aufgreifen und sie klar darlegen, um sicherzustellen, dass jedes Puzzleteil verstanden wird. Entdecken Sie in diesem Kapitel, wie wichtig es ist, Ihre Fragen an die KI anzupassen, eine Fähigkeit, die eng mit der Struktur unserer täglichen digitalen Interaktionen verknüpft ist. Als Begleiter an Ihrer Seite helfe ich Ihnen, sich auf eine ebenso unkomplizierte wie tiefgründige Art und Weise in diesem Thema zurechtzufinden und die Kunst des Fragens in eine klare Stimme zu verwandeln, die inmitten des riesigen digitalen Refrains gehört wird.

Stellen Sie sich vor, Sie wandern mit dem Rucksack durch ein Land, in dem jedes Zeichen, jede Richtung in einer Schrift steht, die Sie nicht kennen. Sie wenden sich mit Fragen an die Einheimischen, von denen jede ein Versuch ist, die Lücke zwischen Nichtwissen und einem Moment gemeinsamen Verständnisses zu schließen. Das ist so, als würde man mit KI sprechen. So wie Sie sorgfältig Wörter auswählen, die in allen Sprachen verstanden werden können – indem Sie auf eine Karte zeigen oder den Vorgang des Essens nachahmen, wenn Sie hungrig sind –, erstellen Sie Fragen, die die KI mit der gleichen Klarheit und Relevanz verstehen kann.

Ludwig Wittgenstein betrachtete einst die Grenzen unserer Sprache als die Grenzen unserer Welt. Wenn wir also die KI um Hilfe bitten, sollte jede Frage ein klares Bild vermitteln, damit sie unsere Welt so sehen kann, wie wir sie sehen. Wenn Sie das beste Streetfood finden wollten, würden Sie nicht einfach fragen: „Wo gibt es Essen?" Das ist zu vage, als würde ein Maler nur eine Farbe verwenden. Fragen Sie stattdessen: „Wo ist der geschäftige Markt, auf dem die Einheimischen essen?" Es ist, als würde man der KI eine Regenbogenpalette geben – plötzlich versteht sie.

Jetzt verarbeitet die KI, unser technisch versierter Begleiter, diese Wörter und zerlegt, was wie eine Fremdsprache erscheint, in Konzepte, die sie erkennt. Es geht nicht nur darum, Schlüsselwörter auszuwählen; es sucht nach Kontext. Überlegen Sie, wie auf Reisen ein Lächeln oder eine ausgestreckte Hand Ihren Worten Wärme verleiht – das ist der Kontext. Und wenn die KI es richtig macht, ist es, als würde ein Einheimischer Sie direkt zu dem farbenfrohen, aromatischen Imbissstand führen, den Sie alleine nicht gefunden hätten.

Aber die Sache ist so: Auch wenn die KI darauf abzielt, unsere Befehle so gut wie möglich in die Tat umzusetzen, hat sie Grenzen. Es lebt von einer klaren, eindeutigen Sprache. Es ist ein bisschen wie ein Scharadenspiel: Wenn Sie Ihre Gesten zu kompliziert machen, verlieren Sie den Kern dessen, was Sie sagen wollen. Halten Sie es einfach, es ist wie dieser Aha-Moment, wenn jemand richtig geraten hat.

Während wir hier sitzen und Erkenntnisse austauschen, besteht das Ziel darin, die einschüchternde Wolke des „Tech-Talks" zu beseitigen und Ihnen in menschlicher Hinsicht zu zeigen, warum und wie die Fragen, die wir der KI stellen, einen alltäglichen Austausch in einen reichhaltigen, vielschichtigen

Austausch verwandeln können Gespräch. Es bedeutet, mit Leichtigkeit einen Blick in die Komplexität der Technologie zu werfen, ganz so, als würde man die Geschichte hinter einem Gemälde verstehen – am Ende sieht man nicht nur seine Tiefe, sondern spürt sie auch. Dieser Dialog, den wir gerade führen? Es ist ein Weg, KI nicht als ein fremdes Konzept zu sehen, sondern als einen Freund, der nur darauf wartet, Sie besser zu verstehen, und der die Reise des Lernens so angenehm macht wie das Ziel.

Werfen wir einen tieferen Blick auf das Thema, wie KI die Sprache in den von uns gestellten Fragen verarbeitet, indem wir die schrittweise linguistische Analyse untersuchen, die sie durchführt. Lassen Sie uns das Labyrinth des Fachjargons umgehen und mit klarer Einfachheit in die Welt der KI blicken und jeden Schritt klären, als würden wir die Fäden eines komplexen Knotens entwirren.

Wenn Sie der KI eine Frage stellen, ist der erste Schritt die lexikalische Analyse. Ähnlich wie das Lesen eines Satzes und das Identifizieren des Subjekts, Verbs und Objekts analysiert die KI Ihre Wörter (Tokens) und trennt „Wie ist das Wetter heute?" in verschiedene Kategorien des Verstehens einteilen:

Python

```
tokens = ['Was', 'ist', 'das', 'Wetter', 'heute?']
```

Da die KI nun über diese Token verfügt, muss sie nicht nur herausfinden, was die Wörter sind, sondern auch, wie sie zusammenpassen – das nennt man syntaktische Analyse. Stellen Sie sich diese Spielsteine als Puzzleteile vor; Die KI ordnet sie so an, dass ein kohärentes Bild Ihrer Frage entsteht, indem sie Abfragen von Befehlen unterscheidet, etwa indem sie Teile identifiziert, die den Himmel bilden, und solche, die in die

91

Landschaft passen.

Als nächstes folgt die semantische Analyse, bei der die KI tiefer in die Bedeutung jedes Wortes eintaucht. „Wetter" in Ihrer Frage ist nicht nur ein einfacher Begriff; Es handelt sich um ein Konzept, das mit Temperatur, Bedingungen, Vorhersagen und mehr zusammenhängt. Die KI verknüpft „Wetter" mit dem zugehörigen semantischen Netzwerk, um den gesamten Bedeutungsteppich dahinter zu erfassen.

Der Semantik zu folgen bedeutet, den Kontext zu verstehen – bekannt als pragmatische Interpretation. Dadurch wird der KI der Unterschied zwischen „Können Sie das Fenster öffnen?" und „Können Sie das Fenster öffnen?" erklärt. in einem schwülen Raum gestellt, im Vergleich zur gleichen Frage während eines Regengusses. Es interpretiert nicht nur Ihre Worte, sondern auch die sie umgebenden Situationshinweise und passt seine Antworten an den Kontext an.

Wenn die KI sprachbasiert ist, werden subtile Nuancen anhand der Tonhöhe oder des Tempos der Stimme dekodiert. Ein eiliger Ton könnte Dringlichkeit signalisieren und die Priorität der KI ändern, so wie ein Reiseführer den besorgten Blick eines Reisenden auf die Uhr bemerkt, während er nach dem Weg fragt.

Für videobasierte KI werden Gesten zu einer weiteren Ebene des Dialogs. Ein fragendes Achselzucken oder eine hochgezogene Augenbraue ergänzen Ihre Worte und beeinflussen die Reaktion der KI, ähnlich wie die Handgesten eines Reisenden einem lokalen Reiseführer helfen könnten, seine unausgesprochenen Bedürfnisse zu verstehen.

All diese Schritte führen dazu, dass die KI eine Reaktion ausbildet. Hier ist eine vereinfachte Ansicht:

Python

Pseudocode, der die KI-Antwortgenerierung zusammenfasst

```
def generic_response(question):

    tokens = tokenize_input(question)

    syntax_tree = parse_syntax(tokens)

    Bedeutung =analysate_semantics(syntax_tree)

    context = interpret_pragmatics(bedeutung)

    Antwort = Formulieren_Antwort(Kontext)

    Rückantwort
```

Das Verständnis dieser Prozesse verbessert unsere Fähigkeit, bessere Fragen zur KI zu stellen und unseren Weg zu Daten und Diensten zu optimieren. Es ist so, als würde man die richtigen Sätze lernen, um in einem fremden Land effektiv zu kommunizieren. Nur hier ist unser Lexikon mit „Tokens" und „Syntaxen" gefüllt, die uns durch die digitale Landschaft der KI-Kommunikation führen.

In einer lockeren, aber aufschlussreichen Atmosphäre ist diese Erklärung so, als würde man sich mit einem weisen Kumpel zusammensetzen, der das Komplizierte locker erscheinen lässt. Wir sind von abstrakten Algorithmen zu einer benutzerfreundlichen Untersuchung übergegangen, die zeigt, wie KI unsere Fragen so einfach entschlüsselt und beantwortet wie das Verstehen eines Tagesplans. Diese aufschlussreiche Erzählung stellt sicher, dass Sie mit Zuversicht an die KI herangehen können und in der Lage sind, mit der Technologie so natürlich zu chatten wie mit einem Freund.

Das Erstellen einer Abfrage für eine KI unterscheidet sich nicht wesentlich vom Aufschreiben einer To-Do-Liste. Sie beginnen mit Aufzählungspunkten – klare, prägnante Punkte, die genau umreißen, was Sie tun müssen. Wenn Sie eine Frage für die KI strukturieren, legen Sie im Wesentlichen Stichpunkte für ein digitales Gehirn fest. Jede Abfrage sollte so logisch ablaufen wie Ihre To-Do-Liste, wobei jeder Schritt so zielgerichtet sein sollte wie der Zug eines Schachmeisters.

Nehmen wir an, Sie beauftragen eine KI, Ihren Zeitplan zu verwalten. Beginnen Sie mit den Grundlagen: „KI, welche Termine habe ich diese Woche?" Ihre Frage ist direkt und auf den Punkt gebracht, wie die Überschrift auf einer Liste. Die KI durchsucht ihre Datenbank – ähnlich wie Sie Ihren Planer durchsuchen würden – und listet Ihre Ereignisse auf.

Angenommen, Sie müssen bestimmte Informationen herausholen. Hier ist das Detail Trumpf. „AI, habe ich am Dienstag Besprechungen, die länger als drei Stunden dauern?" Jetzt haben Sie Ihrer Abfrage Ebenen hinzugefügt. Die KI muss die Ereignisse vom Dienstag sortieren, ihre Dauer messen und präzise reagieren – stellen Sie sich das so vor, als würden Sie zur Klarheit neben jedem Aufzählungspunkt Einzelheiten eintragen.

In unserer Erzählung erläutern wir die Logistik hinter jedem

Schritt. Kein Bedarf an komplexem Fachjargon oder Schlagworten; Denken Sie praktisch. Wie unterscheidet die KI „Treffen" von „Ereignis"? Wie ist „über drei Stunden lang" zu verstehen? Es ist eine Frage der Anweisung und Reaktion – die KI ist so programmiert, dass sie Ihre Begriffe mit der Genauigkeit eines Mathematikers erkennt und darauf reagiert, der eine Gleichung löst.

Stellen Sie sich vor, dass Ihr digitaler Helfer Daten so einfach durchsucht, wie jemand einen gut geordneten Aktenschrank durchblättert und genau das herausholt, was benötigt wird. Es deckt Ihre Besprechung auf, indem es Querverweise zu „Dienstag" und „mehr als drei Stunden lang" enthält, genau wie Sie ein Dokument mit der Bezeichnung „Steuern – 2020" finden würden.

Und während wir uns mit den Grundlagen von KI-Dialogen befassen – diesen Erkennungs- und Reaktionssequenzen – behalten wir Ihre tägliche Realität im Auge. Dies ist nicht nur ein anspruchsvolles Tech-Gespräch; Es geht darum, digitale Kompetenzen in Ihr praktisches, reales Wissen zu übersetzen.

Denken Sie daran: Auch wenn die Tiefen der KI tiefgreifend erscheinen mögen, sprechen wir hier über ein Werkzeug, das das Leben einfacher machen soll. Auch wenn das Gespräch in die Tiefe geht, bleibt unser Ton ausgeglichen und nachvollziehbar. Wir erforschen die Fähigkeiten von KI nicht nur wegen des Nervenkitzels der Technik, sondern auch wegen der greifbaren Vorteile, die sie im Alltag bietet. Von Anfang bis Ende geht es darum, aufzuklären und mitzumachen und sicherzustellen, dass die Feinheiten der Technologie nicht nur beeindrucken, sondern auch Anklang finden, sodass die Interaktion zwischen Mensch und KI so intuitiv wird, als würde man Dinge von der Liste Ihrer Samstagsbesorgungen streichen.

Im Bereich der künstlichen Intelligenz, insbesondere in der Verarbeitung natürlicher Sprache (NLP), wird die Aufgabe,

Benutzeranfragen zu verstehen und darauf zu reagieren, manchmal mit dem menschlichen Prozess des Verstehens und Kommunizierens verglichen. Wenn ein Benutzer die KI auffordert, „ein dreistündiges Meeting am Dienstag zu vereinbaren", unternimmt die KI eine komplexe Reise, um diesen Befehl zu analysieren. Hier ist eine Aufschlüsselung dieses Prozesses, ohne Fachjargon und unter Berücksichtigung der Tatsache, dass KI ihn so reibungslos macht, wie wir unsere Wochenend-To-Do-Listen erstellen:

1. Lexikalische Analyse und Tokenisierung:

Zunächst wertet die KI die empfangene Textfolge aus und zerlegt sie in überschaubare Teile oder „Tokens", ähnlich wie beim Sortieren eines Puzzles in Rand- und Mittelteile.

Python

```
# Pseudocode für die Tokenisierung

def tokenize(prompt):

# Diese Funktion zerlegt den Satz in einzelne Teile

return prompt.split()
```

Bei der Eingabeaufforderung „Planen Sie ein dreistündiges Meeting am Dienstag" erhält die KI die Token „Planen", „a",

„dreistündiges", „Meeting", „am", „Dienstag".

2. Schlüsselwortextraktion:

Die KI durchsucht diese Token nun, um Schlüsselwörter zu identifizieren – Wörter, die für das Verständnis der Aufgabe von zentraler Bedeutung sind, ähnlich wie bei der Identifizierung der wichtigsten Zutaten, die für ein Rezept erforderlich sind.

Python

```
keywords = ['Zeitplan', 'drei Stunden', 'Besprechung', 'Dienstag']
```

3. Syntaktische Analyse:

Die KI analysiert, wie diese Token grammatikalisch zusammenpassen. Es bildet einen „Analysebaum", eine hierarchische Struktur, die die Beziehung zwischen den Token abbildet, ähnlich wie die Erstellung eines Bauplans vor Baubeginn.

4. Semantische Analyse:

Hier interpretiert die KI die Bedeutung hinter den Tokens anhand des Analysebaums. Es versteht, dass „Zeitplan" eine Aktion, „drei Stunden" eine Dauer, „Besprechung" das zu planende Objekt und „Dienstag" die Uhrzeit ist. Es ist, als ob Sie das Endziel dessen, was Sie erreichen möchten, verstehen, bevor Sie Ihren Tag beginnen.

5. Absichtserkennung:

Mithilfe von Modellen, die auf umfangreichen Datensätzen trainiert wurden, sagt die KI die Absicht des Benutzers hinter den Phrasen voraus. In unserem Beispiel wird daraus abgeleitet, dass der Benutzer ein Ereignis zu seinem Kalender hinzufügen möchte. Es ist vergleichbar mit einem Detektiv, der Hinweise zusammenfügt, um ein Rätsel zu lösen, bei dem jedes Detail von Bedeutung ist.

6. Datenabruf und Aufgabenausführung:

Jetzt ruft die KI die notwendigen Daten ab – etwa die Überprüfung eines digitalen Kalenders auf Verfügbarkeit – und plant das Meeting entsprechend.

Python

```
# Pseudocode zum Planen eines Meetings

def Schedule_meeting(Dauer, Tag):

# Überprüfen Sie den Kalender auf einen verfügbaren Platz

# Planen Sie das Meeting im freien Slot

return „Besprechung geplant für „ + Tag + „ für „ + Dauer
```

7. Generieren einer angemessenen Antwort:

Basierend auf ihrem Verständnis und den ergriffenen Maßnahmen erstellt die KI schließlich eine Antwort, um den Benutzer darüber zu informieren, dass die Aufgabe abgeschlossen wurde.

Python

Antwort = „Ihre dreistündige Besprechung ist für Dienstag geplant."

Durch jeden dieser Schritte navigiert die KI vom „Was" (der Besprechung) über das „Wann" (am Dienstag) bis zur „Dauer" (drei Stunden) und kombiniert sie, um angemessen auf die Anfrage zu reagieren.

Diese technische Aufschlüsselung zerlegt die komplizierte Funktionsweise des Sprachverständnisses der KI. Jeder Schritt stellt ein Rädchen im Uhrwerk der digitalen Unterstützung dar – Hände bewegen sich im Rhythmus und halten die Zeit genau mit unseren Erwartungen. Durch die Einbettung dieser Prozesse in eine Erzählung, die so unkompliziert ist wie die Darstellung von Wochenendarbeiten, werden die beeindruckenden Algorithmen hinter der KI transparent und zeigen ihren Nutzen im Alltagsleben. Auf diese Weise konvergiert der komplexe Tanz des Fragens und Antwortens durch Code mit der Einfachheit der menschlichen Erfahrung.

Stellen Sie sich vor, Sie stehen in der Schlange Ihres Lieblingscafés. Der Duft von frischem Kaffee liegt in der Luft, während Sie Ihr Portemonnaie hervorholen und bereits genau wissen, wie viel Münzen Sie für Ihre übliche Bestellung benötigen. Du übergibst sie; Der Barista lächelt und reicht Ihnen

Ihren Kaffee – kein Suchen nach Kleingeld, kein unnötiges Warten. Das ist die Genugtuung der Präzision, etwa wenn Sie eine Frage an die KI mit messerscharfer Spezifität formulieren.

Angenommen, Sie brauchen vor der Hochzeit Ihres Bruders einen Haarschnitt. Sie geben nicht einfach „Ich brauche einen Haarschnitt" in Ihre Terminplanungs-App ein und hoffen auf das Beste. Stattdessen geben Sie ein: „Buchen Sie einen Haarschnitt im Prestige Salon am Dienstag, den 5., um 14:00 Uhr." Sie haben Ihrem KI-Assistenten im Wesentlichen eine Schatzkarte mit einem X gegeben, das die Stelle markiert. Es funktioniert nahtlos – wie ein GPS, das Sie durch ein Gewirr von Straßen zu dem versteckten Juwel eines Restaurants in der Stadt führt.

Jeder Teil Ihrer genauen Anfrage ist so, als würden Sie dem Barista die genauen Münzen geben. Es teilt Ihrer KI alles mit, was sie wissen muss: „Prestige Salon" ist das Ziel, „Dienstag" ist die Reise und „14:00 Uhr" ist die geplante Ankunftszeit. Es ist reibungslos, es ist bewusst, und einfach so ordnet Ihre KI Ihre Anfrage so ordentlich an wie die Bücher in Ihrem Regal, organisiert und gebunden nach Absicht.

Hier geht es nicht nur um Effizienz – es geht um die Harmonie der Interaktionen, die unseren digitalen Alltag synchron halten. Ihre KI, die auf die Details Ihrer Befehle abgestimmt ist, findet Sinn und Richtung, so wie Sie Trost in der Vertrautheit Ihres täglichen Getränks finden. Dieses Zusammenspiel, eine Mischung aus Klarheit und Präzision, ist der Grund, warum es wichtig ist, die perfekte Frage für Ihren KI-Freund zu formulieren – es ist die Brücke zwischen Bedürfnis und Erfüllung und schließt die Lücke mit jedem gut gewählten Wort.

Durch dieses Gespräch verwandeln sich abstrakte Ideen in gemütliche Puzzleteile, die Sie mühelos zusammensetzen können. Sie lernen nicht nur; Sie erkennen diese Momente als

Teile Ihrer Welt und malen komplexe technologische Konzepte mit den Strichen des täglichen Lebens. Und während wir diesen Raum teilen und über die Schönheit der Einfachheit in unserem von Technik geprägten Leben nachdenken, wird die einst entmutigende Welt der KI so zugänglich und einladend wie ein Nachmittagskaffee mit Freunden.

Werfen wir einen tieferen Blick auf das Thema, wie KI mithilfe von Natural Language Understanding (NLU) detaillierte, spezifische Befehle interpretiert und ausführt. Bei einer Anweisung wie „Buchen Sie am 5. Dienstag um 14 Uhr einen Haarschnitt im Prestige Salon" beginnt das NLU-System einer KI mit einem sorgfältigen Prozess, der den methodischen Schritten ähnelt, die ein Barista unternimmt, um Ihre perfekte Bestellung zusammenzustellen.

Tokenisierung:

Die KI beginnt mit der Zerlegung des Befehls in einzelne Teile, sogenannte Token – „Book", „a", „haircut", „at", „Prestige", „Salon", „on", „5th", „Tuesday", 'um 14.00 Uhr'. Ähnlich wie bei der Identifizierung von Münzen verschiedener Nennwerte sortiert die KI diese Token, um ihre unterschiedlichen Rollen zu verstehen.

Parsing und Named Entity Recognition (NER):

Als nächstes analysiert die KI die Satzstruktur, identifiziert „Prestige Salon" als benannte Entität – einen bestimmten Ort – und versteht, dass „Dienstag um 14 Uhr" ein zeitlicher Ausdruck ist, der die Zeit angibt. Durch das Parsen wird jedes Wort hervorgehoben und sichergestellt, dass die KI „einen Haarschnitt" nicht nur als Substantiv wahrnimmt, sondern als eine Aktivität, die geplant werden muss.

Python

Named_entities = {'Prestige Salon': 'Location', 'Tuesday': 'Day', '2 PM': 'Time'}

Absichtserkennung:

Die KI versucht dann, die Absicht hinter diesem Wortgewirr zu erkennen, indem sie Modelle verwendet, die auf unzähligen ähnlichen Interaktionen trainiert wurden. Es versteht sich, dass „Buchen" eine Aufforderung zur Durchführung einer Aktion bedeutet: die Vereinbarung eines Termins. KI scannt nicht nur Daten; Es handelt sich um die Interpretation einer Anfrage und die Trennung eines „Haarschnitts" von anderen Arten von Terminen aufgrund seiner kontextuellen Platzierung und Assoziation mit dem genannten Salon.

Semantische Analyse:

Semantische Modelle übernehmen die Aufgabe und analysieren, wie die Token und identifizierten Entitäten zueinander in Beziehung stehen. „Buch" korreliert mit „Haarschnitt", „Prestige-Salon" wird zum Ort der Aktion und „Dienstag um 14 Uhr" wird als spezifisches Zeitfenster verarbeitet.

Ausführung:

Sobald die KI die verschiedenen Elemente des Befehls versteht, führt sie die Aktion aus. Es greift in die Datenbank ein, ähnlich wie ein Barista, der nach Bohnen, Milch und Tassen greift, und prüft die Verfügbarkeit. Nachdem die KI einen freien

Termin gefunden hat, bucht sie den Termin.

Antwortgenerierung:

Nachdem der Haarschnitt geplant wurde, bestätigt die KI dem Benutzer schließlich die Ausführung der Aufgabe: „Ihr Haarschnitt im Prestige Salon am 5. wurde für Dienstag um 14:00 Uhr gebucht." Die Antwort ist maßgeschneidert und präzise und dient dazu, die Interaktionsschleife mit Zufriedenheit zu schließen, so als ob Sie Ihre genaue Kaffeebestellung erhalten würden, ohne dass Änderungen oder Erläuterungen erforderlich wären.

Durch diese Sequenz geht es bei der Fähigkeit der KI, detaillierte Anfragen zu bearbeiten, weniger um die Ausführung von Roboterbefehlen als vielmehr um ein komplexes Verständnis des Auf und Ab der Sprache. Es sind nicht die trüben Tiefen eines digitalen Meeres, sondern ein klarer, schiffbarer Fluss, der durch unsere Interaktion mit Technologie fließt, seiner anfänglichen Komplexität beraubt und mit der Leichtigkeit einer vertrauten Routine präsentiert. Die Auswirkungen hier sind tiefgreifend und dennoch von Natur aus praktisch, da sie bestätigen, wie sich die Technologie an unsere Bedürfnisse anpasst und unsere Absichten präzise und zuverlässig widerspiegelt – Schritt für Schritt.

Ein Scharadenspiel kann ein kniffliger Tanz sein, bei dem eine schnelle Geste oder eine gut gespielte Pantomime eine Geschichte erzählt, ohne dass einem ein einziges Wort über die Lippen kommt – der ganze Raum schaut gespannt zu. Der Sieg hängt von der Fähigkeit eines Partners ab, Ihre stille Leistung zu entschlüsseln. Bei der Skripterstellung von Abfragen für eine KI ist das nicht anders. Jede Frage, die Sie formulieren, ist wie eine Scharadenbewegung, eine stille, aber wirkungsvolle Botschaft, die durch den digitalen Äther gesendet wird. Dein Ziel? Klarheit. Klarheit schärft das Bild Ihrer Fragen und hilft der KI, genauso genau zu reagieren wie Ihr Teamkollege, der den Gewinner ruft.

Denken Sie nun an Alan Turing, einen Pionierdenker, der sich oft fragte, ob Maschinen so denken könnten wie wir. Seine Ideen sind wie Wegweiser, die uns den Umgang mit KI zeigen. Stellen Sie sich vor, einem alten Freund aus der Ferne etwas über Baseball beizubringen. Du würdest doch den Jargon weglassen, nicht wahr? Verwenden Sie stattdessen nachvollziehbare Geschichten, um das Spiel zu erklären. Auf diese Weise lehren wir langsam auch KI – klare, direkte Sprache, die die Lücke zwischen der Reaktion einer Maschine und dem verständnisvollen Nicken eines Freundes verringert.

Jeder Teil Ihrer KI-Abfrage muss genau richtig ankommen. Ein „Wie ist das Wetter?" In die digitale Brise geworfen, kehrt mit einer Prognose zurück, klar. Aber legen Sie den Ort fest: „Wie ist das Wetter heute in Paris?" Und es besteht kein Zweifel, woher Ihre KI die Wolken oder den Sonnenschein sammelt – Präzision auf Knopfdruck.

Dieses Verständnis von KI ist nicht in hohen Technologietürmen eingeschlossen; Es liegt direkt hier an unserem Tisch, etwas, das Sie erreichen und anfassen können. Während wir jede Frage enträtseln und jede Antwort ans Licht bringen, erweitert sich der Bereich der KI nicht in Komplexität, sondern in Vertrautheit. Es ist so einfach, sicherzustellen, dass der Kaffee genau richtig ist, bevor Sie den ersten, sättigenden Schluck trinken. Das ist wichtig, denn eines Tages könnte ein Chat mit KI so reibungslos verlaufen wie unser Kaffeegespräch, und das Wissen um die Kraft in jedem Wort ist der erste Schritt zu diesem zukünftigen Gespräch. Hier sitzen wir also und entwirren die faszinierende Komplexität bei einem gemeinsamen Lachen und dem Klirren von Kaffeetassen. Gemeinsam entmystifizieren wir das Komplizierte und feiern die Wunder, die in der Öffentlichkeit verborgen sind.

Hier ist ein tieferer Blick auf den Prozess der KI zur

Interpretation und Beantwortung menschlicher Anfragen, wobei der Schwerpunkt auf den sprachlichen und algorithmischen Strukturen innerhalb der KI liegt:

- **Lexikalische Analyse:**

    - KI segmentiert einen Befehl in Token, ähnlich dem Zerlegen eines Satzes in einzelne Wörter und Symbole.

    - **Tokenisierung** : Zerschneiden der Textzeichenfolge in kleinere Teile (Tokens) wie „Check", „Wetter", „Paris".

    - **Schlüsselwortidentifizierung** : Unterscheidung wichtiger Token, die den Betreff oder die Aktion der Abfrage kennzeichnen.

    - **NLP-Modellprozess** : Verwendung von Modellen wie BERT oder GPT zur Analyse von Token, zur Erkennung von Sprachmustern und zur Ableitung von Bedeutungen.

- **Parsing und Kontextverständnis:**

    - KI erstellt aus Token eine syntaktische Struktur und bildet die grammatikalischen Beziehungen des Satzes ab.

    - **Syntaktischer Analysebaum** : Erstellen eines hierarchischen Baums, der die grammatikalische Struktur für ein tieferes Sprachverständnis darstellt.

    - **Kontextinterpretation** : Anwenden von Wissen über die

Situation oder frühere Interaktionen, um ein genaues Verständnis sicherzustellen.

- **Differenzierung der Phrasenbedeutung** : Berücksichtigung alternativer Bedeutungen, insbesondere wenn eine Phrase auf verschiedene Arten interpretiert werden kann.

- **Ausführung von Befehlen:**

- Übersetzen der analysierten und kontextualisierten Sprache in eine umsetzbare Antwort.

- **Umsetzbare Aufgaben** : Bestimmen der spezifischen Aktionen, die basierend auf interpretierten Befehlen ausgeführt werden müssen.

- **Umgang mit Mehrdeutigkeiten** : Einsatz von Strategien zur Auflösung oder Klarstellung unsicherer Ausdrücke, wenn der Befehl vage ist.

- **Spezifische Anweisungen** : Verwendung genauer Anweisungen, um die Aufgabe umgehend und präzise auszuführen.

- **Rückkopplungsschleife:**

- Durch Interaktion verfeinert die KI ihre Fähigkeit, Benutzerabsichten zu verstehen und zu antizipieren.

- **Lernmechanismen** : Algorithmen für maschinelles

Lernen passen Modelle basierend auf dem Erfolg oder Misserfolg der KI-Reaktionen an.

- **Aktualisierungen des Sprachmodells** : Integration neuer Daten aus Interaktionen, um die Sprachdatenbank der KI zu verbessern.

- **Benutzerinteraktionsverfolgung** : Überwachung der Benutzerantworten zur Feinabstimmung des Verständnisses und der Vorhersage zukünftiger Anfragen.

Das Lernen erfolgt in einer schrittweisen Reise, wobei jeder Versuch eine Reihe von Missgeschicken mit sich bringt, die den nächsten Versuch schärfen. Nehmen Sie Marie Curies akribische Experimente – sie sind nicht einfach so passiert. Hinter jeder gefeierten Entdeckung standen unzählige Prüfungen, die einen mit Präzision und Beharrlichkeit gepflasterten Weg ebneten. In derselben Tradition ist es bei der Interaktion mit KI eine Praxis des Polierens und Wiederholens. Sie stellen eine Frage, erhalten eine Antwort, und diese Antwort prägt Ihren nächsten Schritt. Die KI reagiert auf der Grundlage dessen, was sie weiß und gelernt hat – eine Reaktion, die nicht immer perfekt ist.

Lassen Sie uns diesen Prozess entwirren. Stellen Sie sich vor, Sie fragen eine KI: „Was steht in meinem Kalender?" Ganz einfach, oder? Aber wenn die Antwort der KI falsch ist, ist das ein Zeichen dafür, die Frage beim nächsten Mal anzupassen, vielleicht zu „Zeigen Sie mir die heutigen Besprechungen." Die Aufgabe der KI besteht darin, Ihre Worte zu entschlüsseln und Daten abzurufen, die zu Ihrer Anfrage passen – etwa Akten aus einem Schrank zu holen. Je klarer die Frage, desto präziser ist die Datensuche.

Die Feedbackschleife ist entscheidend. Es handelt sich um

einen Lehr-und-Lern-Austausch, bei dem die KI ihre Fähigkeit zum „Verstehen" auf der Grundlage vergangener Interaktionen verfeinert. Wenn „Zeige mir die heutigen Besprechungen" das gewünschte Ergebnis liefert, notiert die KI die erfolgreiche Anfrage zur späteren Bezugnahme und optimiert ihre Algorithmen – ein bisschen so, als würde sie sich den besten Weg zur Arbeit merken, nachdem sie einige ausprobiert hat.

Jedes Mal, wenn Sie diesen Zyklus durchlaufen, geht es nicht nur darum, Dinge zu erledigen; es ist eine gegenseitige Anpassung. Die KI entwickelt sich weiter und wird immer besser darin, Ihre Anfragen zu interpretieren, als ob die Kurve jeder Frage und der Rhythmus jeder Antwort sie langsam trainieren würden.

Stellen Sie sich das so vor, als würden Sie jemandem beibringen, Ihr Lieblingsgericht zuzubereiten. Der erste Versuch trifft vielleicht nicht ins Schwarze, aber je mehr sie lernen, desto größer werden ihre Fähigkeiten. Sie fangen an, sich auf die Feinheiten zu konzentrieren – die genaue Prise Salz, die perfekte Garzeit –, bis sie es auf den Punkt bringen. Das ist es, was dieses Hin und Her mit der KI im Laufe der Zeit bewirkt.

Da haben Sie es also – ein Gespräch, das mit den Grundlagen beginnt, sich durch Versuch und Irrtum entwickelt und sich zu einem nahtlosen Austausch entwickelt. Wenn wir diese digitalen Funktionsweisen analysieren, reden wir nicht nur über Technologie; Wir veranschaulichen eine lebendige Interaktion. Ganz gleich, ob es sich um ein Küchenrezept oder einen digitalen Dialog mit KI handelt, es gilt das gleiche Prinzip: klare, geduldige Iteration führt zu gekonnter Beherrschung und jedes technische Detail trägt zu diesem übergeordneten Ziel bei. Es ist ein allmählicher Aufstieg zu einem Höhepunkt, an dem Befehle so natürlich fließen wie Gespräche und die Reaktionen der KI den Sachverstand der realen Welt widerspiegeln. Der Ton ist stabil, die Erkenntnisse reichhaltig und die Erzählung entfaltet sich auf natürliche Weise – genau die Art von

Fachgesprächen, die die Komplexität durchdringen und das Verständnis steigern.

Werfen wir einen tieferen Blick auf das Thema, wie Feedback die Fähigkeit einer KI beeinflusst, unsere Sprache zu analysieren und zu interpretieren. Wenn wir mit KI interagieren, führen wir einen Dialog, der viel tiefer geht als ein einfacher Frage-und-Antwort-Austausch. Jede Kommunikation trägt zu einem Lernzyklus bei, der die sprachlichen Fähigkeiten der KI verbessert.

Im Mittelpunkt dieses Lernens stehen maschinelle Lernmodelle, die sich zunehmend an die Nuancen unserer Sprache anpassen. Diese Modelle sind die Essenz dessen, was wir als „Verständnis" der KI erleben. Jetzt werden wir die entscheidenden Schritte aufschlüsseln, in denen KI Rohtext in sinnvolle Interaktion umwandelt:

Tokenisierung:

KI beginnt mit der Tokenisierung, indem sie den Text in kleinere Teile – Token – zerlegt, bei denen es sich um Wörter, Phrasen oder Symbole handeln kann. Dies ist das sprachliche Äquivalent zum Vorbereiten der Zutaten vor dem Kochen; Sie müssen sortiert und für die nächsten Schritte vorbereitet werden.

Parsing:

Sobald die Token bereit sind, analysiert die KI sie, um eine grammatikalische Struktur aufzubauen. Das Parsen ähnelt dem Befolgen eines Rezepts. Die KI muss verstehen, wie die Zutaten (Tokens) zusammenarbeiten, um das endgültige Gericht zu kreieren (Verständnis Ihrer Anfrage).

Semantische Analyse:

Nach der Analyse ermöglicht die semantische Analyse der KI, die inhärente Bedeutung jedes Tokens zu erfassen. Die KI stützt sich auf Kontext, definierte Semantik und erlernte Muster, um abzuleiten, was mit jedem Token, jeder Phrase oder jedem Satz tatsächlich gemeint ist.

Absichtserkennung:

Als nächstes kommt die Absichtserkennung. KI verwendet Modelle wie neuronale Netze, um zu erkennen, was Sie mit Ihrer Frage erreichen möchten – sei es die Planung eines Meetings, die Suche nach Informationen oder das Auslösen einer App-basierten Aufgabe.

Personalisierte Antwortgenerierung:

Die KI generiert eine personalisierte Antwort basierend auf der erkannten Absicht und den gelernten Benutzermustern. Dieser Schritt ähnelt dem Anrichten des Gerichts auf eine Art und Weise, die auf die bekannten Kundenpräferenzen zugeschnitten ist.

Mit jeder Interaktion setzt die Feedbackschleife ein. Wenn die KI etwas falsch macht – beispielsweise eine Besprechungsanfrage mit einer Erinnerung verwechselt –, spielt die Korrektur durch den Benutzer eine entscheidende Rolle. Es ist nicht unähnlich, das Gericht zu probieren und die Gewürze anzupassen. Die KI nimmt die Korrektur zur Kenntnis und passt ihre Algorithmen entsprechend an.

Zu den Modellen, die dieses Lernen erleichtern, könnten verschiedene Formen neuronaler Netze, Entscheidungsbäume oder verstärkte Lernalgorithmen gehören. Diese Modelle werden kontinuierlich verfeinert, wodurch die Fähigkeit der KI verbessert wird, zukünftige Abfragen immer ausgefeilter zu analysieren und zu interpretieren.

Zusätzlich zu diesen Modellen stützt sich die KI auf umfangreiche Datensätze, die als Referenzbibliothek zum Vergleichen und Gegenüberstellen sprachlicher Elemente dienen. Jede Abfrage und das daraus resultierende Feedback tragen zu dieser Bibliothek bei und optimieren die Unterscheidungsfähigkeiten der KI. Wie ein Koch, der ein Gericht durch wiederholte Versuche nach und nach beherrscht, beherrscht die KI die Sprache durch wiederholte Interaktionen.

Auf der letzten Seite von Kapitel 4 erwartet Sie eine Sammlung von Strategien zum Gestalten von KI-Gesprächen. Sie haben gesehen, wie klare Fragen zu hilfreichen KI-Interaktionen führen. Aufbauend auf jedem genauen Detail sind diese Gespräche rationalisiert, nachdenklich und von jedem vergangenen Austausch geprägt. Stellen Sie sich dieses Kapitel als eine Karte vor, die Sie durch das Terrain der KI-Kommunikation führt. Es weist auf eine Zukunft hin, in der sich das Gespräch mit KI genauso instinktiv anfühlt wie das Gespräch mit einem Freund an einem Couchtisch. Die Reise durch diese Seiten war ein gerader Weg, ohne kryptische Zeichen oder Abzweigungen, nur leicht verständliche Anleitungen, bei denen jedes Konzept offengelegt wurde. Sie verstehen jetzt, wie eine gut formulierte Frage ein komplexes Technologienetz vertraut und vertraut machen kann. Und mit diesem Verständnis werden Sie feststellen, dass alltägliche Gespräche und digitale Gespräche gar nicht so unterschiedlich sind – beide verlaufen reibungsloser mit der Klarheit und Absicht, die Sie hier beherrschen.

SATZSTRUKTUR IN KI-EINGABEAUFFORDERUNGEN

In Kapitel 5 betreten Sie die Welt der KI-Kommunikation mit einem Leitfaden, der ebenso fesselnd wie ein Pageturner und dennoch so informativ wie ein vertrauenswürdiger Mentor ist. Hier enthüllen wir das geheime Leben von Sätzen und ihre Rolle beim Sprechen mit Maschinen. Stellen Sie sich einen Satz als eine Perlenkette vor; Jedes einzelne muss mit der Absicht ausgewählt und aneinandergereiht werden, damit das Ganze glänzt. Auf diese Weise sendet jedes von Ihnen ausgewählte Subjekt, Verb und Objekt ein Signal an die KI und führt sie zu der gewünschten Reaktion.

Stellen Sie sich beim Durchblättern dieser Seiten vor, Sie lernen das Backen nach einem Familienrezept, das über Generationen weitergegeben wurde. Hinter den Zutaten und Maßen steckt eine Wissenschaft, die jedoch durch die vertraute, beruhigende Stimme Ihrer Großeltern vermittelt wird. In ähnlicher Weise werden Sie in diesem Kapitel auf klare und einladende Weise mit den Elementen der Sprache vertraut gemacht und vermeiden dabei dichte Wolken technischer Sprache.

Von der Bedeutung eines gut gesetzten Kommas bis hin zur Kraft eines präzise gewählten Adjektivs – Sie werden sehen, dass es sich hierbei nicht nur um grammatikalische Notwendigkeiten handelt, sondern um Werkzeuge, die der KI helfen, uns besser

112

zu verstehen. Es geht darum, abstrakte Prinzipien auf die Erde zu bringen und in praktischer Hinsicht zu zeigen, warum sie wichtig sind. Dabei achten wir stets auf einen freundlichen Ton – es handelt sich eher um ein Gespräch als um einen Vortrag –, um sicherzustellen, dass sich das Eintauchen in die Details genauso angenehm anfühlt wie ein Spaziergang durch eine vertraute Nachbarschaft.

Wenn Sie mit einem Kind zusammensitzen, das große Augen hat und sich auf ein großes Abenteuer einlässt, und Sie beginnen zu beschreiben, wie man aus Kissen und Decken eine beeindruckende Festung baut, beginnen Sie mit den Grundlagen – einer festen Bodenmatte als Unterlage und hochgestapelte Kissen für Wände. Im komplexen Tanz der Kommunikation mit KI sind unsere Grundbausteine ebenso entscheidend. Subjekte, Verben und Objekte bilden zusammen die Grundlage, auf der das Verständnis aufbaut.

Stellen Sie sich diese grammatikalischen Säulen wie die Böden und Balken eines Hauses vor. Ein Subjekt fungiert als Basis, als Ausgangspunkt – ähnlich wie diese Bodenmatte. Das Verb dient wie die Balken als Struktur, definiert die Aktion und gibt die Richtung vor. Schließlich ähneln die Objekte den Wänden, die dem Innenraum Form und Funktion verleihen. Dies sind die Komponenten, die eine KI erkennen und interpretieren muss, um Ihre digitalen Wünsche zum Leben zu erwecken.

Um sicherzustellen, dass dies alles vollkommen sinnvoll ist, stellen Sie sich die KI als begeisterten Spielkameraden im Bereich der Sprache vor, dessen Programmierung nach klaren, methodischen Anweisungen hungert. Jeder Satz, den wir erstellen, ist eine Blaupause, die die „Hände" der KI anleitet, jedes Teil gezielt zu platzieren und das gewünschte Ergebnis zusammenzustellen. So wie Sie präzise artikulieren würden, wo jedes Kissen hingehört, unterstreichen Sie die Bedeutung des Subjekts, veranschaulichen die durch das Verb implizierte

113

Aktion und legen das Objekt als Endziel fest.

Jeder Satz ist ein Schritt auf einem Weg durch einen Datenwald – ein Weg, der mit der Machete der Klarheit, sorgfältig ausgewählten Wörtern und mit Satzzeichen markiert ist, um sicherzustellen, dass kein Schritt fehl am Platz ist. Indem wir Sätze in elementare Teile zerlegen, fördern wir nicht nur ein tieferes Verständnis der Technologie, sondern stärken uns auch in der Fähigkeit, sie durchdacht zu nutzen.

Selbst wenn wir auf das Dickicht der komplexen Algorithmen und riesigen neuronalen Netze der KI stoßen, erinnern wir uns daran, dass jedes Konzept, jeder Begriff, den wir verwenden, einen Stein auf dem Fluss des Verständnisses darstellt. Indem wir unsere Sprache präzise halten und unsere Erklärungen im Vertrauten verwurzelt bleiben, enthüllen wir die Raffinesse der KI mit einem von Natur aus menschlichen Akzent, der sowohl Faszination als auch ein grenzenloses Gespür dafür weckt, was möglich ist.

Das Verständnis der KI-Interpretation unserer Sprache beginnt mit der Tokenisierung. So wie ein Kind die besten Stützbalken für den Bau einer Festung ausfindig macht, wertet die KI jedes Wort im Satz aus. Die Tokenisierung ist das erste Werkzeug der KI; Es segmentiert „Das Kind legte das blaue Kissen auf den Holzstuhl" in Teile: „das", „Kind", „platziert", „das", „blau", „Kissen", „oben", „das", ' 'Holzstuhl.'

Python

```
def tokenize(Satz):
```

```
# Teilt den Satz in Token auf
```

114

Rückgabesatz.split()

Sobald die Token vorhanden sind, beginnt das Parsen. Die KI ordnet diese Spielsteine in einem Syntaxbaum an und weist ihnen Rollen zu, so wie ein Kind Kissen nach Form und Größe anordnen würde, um die Festung stabil zu machen.

Python

```
def parse_tokens(tokens):

# Weist den Token eine grammatikalische Struktur zu

return {'subject': tokens[1], 'action': tokens[2], 'object': [tokens[4], tokens[5], tokens[6], tokens[7], tokens[8], Token[9]]}
```

Bei der semantischen Analyse weist die KI Bedeutung zu, indem sie jedes Wort mit einem Ziegelstein vergleicht, der für einen bestimmten Ort in der Festung ausgewählt wurde. Hier ist

„Blau" nicht nur eine Farbe; Es ist der Farbton eines ausgewählten Kissens, der das Fort einladend macht.

Schließlich kombiniert KI Syntax und Semantik, um eine Antwort zu erstellen. Wenn der Befehl „Ein blaues Kissen hinzufügen" lautete, „kennt" es jetzt die genaue Aufgabe.

Python

```
def generic_response(command, object_attributes):

if command == 'Add' und 'blue' in object_attributes['color']:

return „Hinzufügen eines blauen Kissens zum Setup."
```

Hier entfaltet sich jeder Schritt ohne komplizierten Fachjargon, jeder komplexe KI-Prozess wird mit der Präzision einer klaren Bedienungsanleitung dargelegt. So wie Sie einen Freund durch ein komplexes Brettspiel führen und ihm die Regeln erklären würden, damit er sie vollständig versteht, rückt die Beschreibung hier ein hochauflösendes Bild aus dem hervor, was einst wie ein Nebel unergründlichen Codes schien.

Die Grammatik bildet das Regelwerk, das die KI durch die empfangenen Sätze führt. Ähnlich wie Spieler ein Brettspielhandbuch entschlüsseln, um den Spielablauf zu verstehen, verlässt sich die KI auf die Grammatik, um Wörter zu interpretieren – um zu entscheiden, welche die Hauptakteure in einem Satz sind, welche Aktionen sie ausführen und welche Auswirkungen diese Aktionen haben. Es ist ein sorgfältiger

116

Prozess, bei dem die KI jedes Wort scannt, so wie Spieler ihre Figuren auf einem Brett betrachten und über ihren nächsten Zug nachdenken.

Im Wesentlichen bestimmt dieses Regelwerk nicht nur die Spielmechanik; Es prägt das Verständnis der KI für Absicht und Bedeutung innerhalb der Aufforderungen, denen sie begegnet. Wenn die Regeln klar sind und befolgt werden, navigiert die KI effizient durch die Eingaben und liefert angemessene und kontextbezogene Antworten.

Vereinfachen wir dies mit einer Analogie: Der Ansatz der KI zur Grammatik ähnelt einem Gärtner, der die Bedürfnisse von Pflanzen kennt. Verben erwecken eine Aufforderung zum Leben, ähnlich wie Wasser einen Garten belebt; ohne sie bleibt der Satz, wie der Garten, statisch und leblos. Subjekte und Objekte in einem Satz ähneln den Pflanzen selbst, die jeweils mit Absicht ausgewählt und platziert werden und sich direkt auf das Ergebnis des Gartens – oder in diesem Fall auf das Ergebnis des Dialogs – auswirken.

Bei der Diskussion geht es hier nicht darum, sich mit technischen Details zu überhäufen, sondern darum, die Abläufe deutlich zu machen, die KI zu einem so leistungsstarken Kommunikator machen. Es handelt sich um eine Erkundung, die so präsentiert wird, als würde man jemandem erklären, wie man Schach spielt, wobei das Verständnis der Rolle jeder Figur die komplexen Strategien des Spiels leichter zugänglich macht.

Durch das Aufbrechen der Grammatikstrukturen in diesem gefassten, selbstbewussten Diskurs beginnen sich die Komplexitäten der KI-Sprachverarbeitung in die Textur des täglichen Lebens einzuweben, nicht als verwirrende Blackbox, sondern als Werkzeug, das so handhabbar und verständlich ist wie ein beliebtes Spiel .

Werfen wir einen tieferen Blick auf das Thema des

Grammatikverständnisses der KI durch natürliche Sprachverarbeitung (NLP). Stellen Sie sich NLP als ein Spiel vor, bei dem jeder Spieler oder jeder Teil – Subjekt, Verb, Objekt – eine bestimmte Rolle innehat, ähnlich wie verschiedene Offiziere in einer Armee, jeder mit einem bestimmten Zweck in einer Kampfstrategie. Diese Elemente fügen sich zu Sätzen zusammen, unseren Anweisungen an die KI.

Wenn die KI diese Anweisungen erhält, ordnet sie den Satz mithilfe von Parsing in einem abstrakten Syntaxbaum an – einem Werkzeug, das einer Kommandantenkarte ähnelt. Diese Karte hilft der KI, die Satzstruktur zu visualisieren: Das Subjekt ist unser „Wer" oder „Was", das Verb „tut" es und das Objekt ist „Wer" oder „Was", dem die Aktion angetan wird.

Von da an spielen Syntax und Semantik ein fließendes Duett. Die Syntax unterstützt die KI beim Erkennen der grammatikalischen Struktur, während die Semantik jeder Phrase eine Bedeutung verleiht. Die KI wendet dieses Verständnis dann an, um Antworten zu erstellen, die genau und aussagekräftig sind.

Der Prozess wird jedoch noch komplizierter. Mithilfe der Abhängigkeitsanalyse kann die KI die Beziehungen zwischen Wörtern identifizieren und so nicht nur die Reihenfolge der Wörter verstehen, sondern auch, wie jedes Wort voneinander abhängt. Es ist fast so, als würde man erkennen, dass die Rolle eines Springers auf dem Schachbrett mit der Position anderer Figuren gekoppelt ist – es geht nicht nur um den Zug selbst, sondern auch darum, wie der Zug die Landschaft des Spiels verändert.

Dahinter verbergen sich komplexe Algorithmen für maschinelles Lernen. Diese Algorithmen fungieren als Gehirn der Operation, lernen ständig aus neuen Sätzen und verbessern sich im Laufe der Zeit. Mit jeder Interaktion wird die KI besser in der Vorhersage und Reaktion und verfeinert ihre Fähigkeiten in einem breiten Spektrum menschlicher Kommunikation.

Bei diesem Detaillierungsgrad besteht das Ziel darin, die Fakten auf eine verständliche und einladende Weise darzustellen – so, als würde man einem Freund ein kompliziertes Spiel erklären, anstatt ein unverständliches Handbuch zu rezitieren. Je mehr wir diese Prozesse aufschlüsseln und entmystifizieren, desto mehr entdecken wir das Potenzial und die aktuelle Realität der KI in unserem täglichen Leben und verwandeln das scheinbar Komplexe in zugängliche Gespräche.

Genau wie die bunten Wegweiser auf einer stark befahrenen Autobahn, die den Autofahrern sagen, ob sie schneller oder langsamer fahren sollen, dienen Satzzeichen der KI als wichtige Orientierungshilfe bei der Navigation durch unsere Sätze. Der Punkt ist wie ein Stoppschild, das der KI sagt: „Sie haben das Ende dieses Gedankens erreicht." Ein Komma fungiert als Nachgiebigkeitszeichen und fordert die KI sanft auf, eine kurze Pause einzulegen, während ein Fragezeichen wie ein Verkehrspolizist signalisiert, dass eine Anfrage auf sie zukommt. Es unterscheidet sich nicht davon, wie eine Gesprächspause Ihnen signalisiert, genau zuzuhören, oder wie ein flektierter Ton die Erkenntnis auslöst, dass eine Frage gestellt wird.

Stellen Sie sich vor, wie mühelos ein erfahrener Fahrer die Sprache der Straßen, Kurven und Kreuzungen versteht. In ähnlicher Weise orientiert sich die von Algorithmen unterstützte KI an der Zeichensetzung, um unseren Befehlen einen Sinn zu geben. Diese sprachlichen Wegweiser sind unverzichtbar und sorgen für Rhythmus und Klarheit in den digitalen Gesprächen, die wir täglich führen.

Unabhängig davon, ob Sie ein erfahrener Experte sind oder zum ersten Mal in die Welt der KI eintauchen, stellen Sie es sich als ein freundliches Gespräch vor, bei dem die Zeichensetzung Teil des Gebens und Nehmens des Dialogs ist – jedes Zeichen, eine Geste, die das Auf und Ab eines Dialogs unterstreicht aufschlussreiches Gespräch. Durch diese Linse wird die Raffinesse der KI- Programmierung in die allgemeine, alltägliche Sprache von Roadtrips und Erzählreisen destilliert. Mit jeder Analogie, jedem detaillierten Einblick wird die Komplexität der Technologie weniger beeindruckend und lädt uns alle zu einem gemeinsamen Verständnis bei einer metaphorischen Tasse Kaffee ein.

Hier ist ein tieferer Blick darauf, wie sich die Zeichensetzung auf die Textinterpretation der KI in NLP-Systemen auswirkt:

- Tokenisierung:

- KI zerlegt Text in Token (Wörter, Satzzeichen).

- Punkte (`.`) signalisieren das Ende eines Satzes.

- Kommas (`,`) geben eine Pause oder Listenelemente an.

- Fragezeichen („?") kennzeichnen Anfragen und veranlassen die KI, sich auf eine Antwort oder einen Entscheidungsbaum vorzubereiten.

- Syntaktisches Parsen:

- KI verwendet syntaktisches Parsing, um die Struktur eines Satzes zu bestimmen.

- Interpunktion definiert Satzgrenzen und Parsing-Einheiten.

120

- Unterschiedliche Zeichensetzung deutet auf unterschiedliche Satztypen hin (deklarativ, fragend).

- **Semantische Interpretation:**

- KI ermittelt die Bedeutung anhand des durch Interpunktion bereitgestellten Kontexts.

- Ausrufezeichen („!") können die wahrgenommene Stimmung (Aufregung, Dringlichkeit) verändern.

- Anführungszeichen („" „") weisen die KI darauf hin, direkte Sprache oder Zitate zu verstehen.

- **Stimmungsanalyse:**

- Satzzeichen können Ton und Stimmung widerspiegeln.

- Ellipsen („...") können auf Zögern oder Nachlassen bei der Stimmungsanalyse hinweisen.

– Die Großschreibung nach Satzzeichen, wie in neuen Sätzen, hilft der KI, den Beginn neuer Aussagen zu erkennen.

- **Befehlsausführung:**

- Die richtige Zeichensetzung unterstützt die KI bei der präzisen Ausführung von Befehlen.

- "Ruf mich morgen an." gibt einen einfachen Befehl.

- "Ruf mich morgen an?" wird zu einer Frage, die möglicherweise einer Bestätigung bedarf.

- **Auswirkungen auf die KI-Reaktion:**

- Die Zeichensetzung hat direkten Einfluss darauf, wie die KI ihre Antworten formuliert.

- AI bietet möglicherweise nach einem bestimmten Zeitraum einen Kalenderplatz an, bittet jedoch nach einem Fragezeichen um eine Bestätigung.

- Falsch gesetzte Satzzeichen können zu Fehlinterpretationen führen und dazu führen, dass die KI eine neue Frage stellt oder die falsche Aktion ausführt.

- **Kombination mit anderen NLP-Funktionen:**

- Interpunktion funktioniert zusammen mit anderen NLP-Aspekten wie der Erkennung benannter Entitäten und der Koreferenzauflösung.

- Dialog-Tags („:") signalisieren der KI, Zeichen Sprache zuzuordnen.

- Klammern können ergänzende Informationen kennzeichnen, die die Schwerpunktsetzung oder

Entscheidungsschritte der KI beeinflussen.

Das Erstellen von Phrasen für die KI ähnelt dem Einweben einer Melodie in ein Lied. So wie ein Musiker jede Note sorgfältig auswählt und sie zu Akkorden kombiniert, die Emotionen und Botschaften widerspiegeln, müssen beim Erstellen von Phrasen für KI Wörter ausgewählt werden, die harmonieren, um eine klare Bedeutung zu vermitteln. Jedes Wort ist eine Notiz, und wie Sie es in den Satz einfügen, bestimmt den Rhythmus der Interaktion und bestimmt, wann die KI aufmerksam „zuhören" oder selbstbewusst „sprechen" soll.

Denken Sie an ein bekanntes Schlaflied oder einen Jingle, den man nie wieder vergisst, wenn man ihn einmal gehört hat. Das ist die Kraft einer klugen Anordnung; es klebt. Wenn Sie mit der gleichen Sorgfalt Wörter für die KI arrangieren, komponieren Sie eine digitale Melodie, die die KI Ihnen in Form zusammenhängender Aktionen und Antworten vorbrummen kann. Es geht nicht um die Komplexität der Sprache oder die Ausgereiftheit technischer Begriffe. Es geht darum, wie gut die Wörter zusammenpassen, um die KI durch Ihre Anfrage zu führen – reibungslos, ohne einen Takt zu verpassen.

Die Melodie der Phrasenkonstruktion in der KI ist bedeutsam, weil sie wie Musik über die bloße Zusammenstellung von Klängen hinausgeht. Es beeinflusst, es kommuniziert, es bewirkt. In Ihrem täglichen Dialog mit KI verwandeln Sie durch die Spiegelung der Prinzipien der Melodie die abstrakte Struktur von Sätzen in vertraute, greifbare Kommunikationsströme und machen die Interaktion nicht nur effektiv, sondern auch angenehm, so zugänglich und lohnend wie das Teilen einer guten Melodie mit einem Freund.

Werfen wir einen genaueren Blick auf das Thema, wie KI

Phrasen für die Kommunikation konstruiert, die den Kern der natürlichen Sprachgenerierung (NLG) bilden. Die Orchestrierung von Wörtern zu Sätzen durch KI spiegelt den Prozess wider, den ein Komponist durchläuft, wenn er Noten zusammenstellt, um eine Melodie zu erschaffen.

Hier ist eine Aufschlüsselung dieses Prozesses:

- **Wortauswahl** : KI beginnt mit der Auswahl der richtigen Wörter, ähnlich wie die Auswahl der richtigen Notizen. Um Wörter zu finden, die zur beabsichtigten Bedeutung oder Handlung passen, wird ein umfangreiches Lexikon verwendet, das den Kenntnissen eines Komponisten über Tonleitern ähnelt.

- **Reihenfolge** : So wie Noten in einer bestimmten Reihenfolge platziert werden, um eine Melodie zu erstellen, ordnet die KI Wörter basierend auf syntaktischen Regeln. Diese Regeln stellen die Grammatik der Sprache dar und stellen sicher, dass Substantive, Verben und Adjektive logisch sinnvoll angeordnet sind.

- **Grammatik- und Syntaxanwendung** : KI wendet Grammatikregeln an, um Sätze zu konstruieren. Dies sind die Richtlinien, die die Platzierung von Subjekten, Objekten und Verben vorgeben, ähnlich wie ein Komponist versteht, wo eine Akkordfolge steigen oder fallen soll.

- **Kontextuelles Verständnis** : Das Verständnis des Kontexts hilft der KI bei der Entscheidung, welche Wörter sie wählt und wie sie sie anordnet. Wenn ein Komponist weiß, dass er ein Schlaflied schreibt, ist die Wahl sanfter, fließender Melodien von entscheidender Bedeutung; In ähnlicher Weise nutzt die KI den Kontext, um den Ton und Inhalt ihrer Reaktion anzupassen.

- **Sprachmodelle** : Unter der Oberfläche füttern komplexe

Sprachmodelle die KI mit den Mustern der menschlichen Sprache. Betrachten Sie dies als die Inspirationen und Einflüsse des Komponisten, die alle zusammenkommen, um die Entstehung neuer Musik zu beeinflussen.

- **Maschinelles Lernen** : KI nutzt maschinelle Lernalgorithmen, um aus jeder Interaktion zu lernen. So wie ein Komponist die Melodie durch Übung und Feedback verfeinert, passt die KI ihre Sprachmodelle an, um ihre Kommunikation bei jeder Reaktion zu verbessern.

- **Antwortgenerierung** : Nach Berücksichtigung der Wortwahl, der Grammatikregeln und des Kontexts generiert die KI eine Phrase. Um unsere Musikanalogie fortzusetzen: Dies ist die Aufführungsphase, in der die Komposition dem Publikum präsentiert wird.

Am Ende wird das komplexe Netz der KI-Sprachverarbeitung so offensichtlich und zugänglich wie alltägliche Aufgaben, sodass die Leser nicht nur informiert, sondern auch engagiert sind und bereit sind, weiter zu forschen oder vielleicht sogar zu versuchen, selbst KI anzuregen.

Manchmal können die einfachsten Sätze genau das sein, was die KI zum Verstehen und Handeln braucht – wie ein schneller Snack, der gerade genug Nahrung bietet, um über die Runden zu kommen. Einfache Sätze, klar und direkt, dienen als Snacks für die KI und liefern unmittelbare, mundgerechte Informationen, die sie schnell verarbeiten und darauf reagieren kann. Dennoch gibt es Fälle, in denen eine umfassendere Verbreitung von Informationen erforderlich ist – ein komplexer Satz, reich an Details und Kontext, ähnlich einer vollständigen Mahlzeit, die sättigt und erfüllt. Diese Sätze liefern differenzierte Bedeutungen und bieten der KI eine Reihe von zu berücksichtigenden Daten, die zu umfassenderen Antworten führen können.

Genau wie beim Kochen müssen die komplexen Aromen möglicherweise köcheln, um sich zu vermischen und vollständig zu entfalten. Die Komplexität von Sätzen entfaltet sich auf ähnliche Weise. Jeder zusätzliche Satzteil oder jede zusätzliche Beschreibung kann Bedeutungsebenen hinzufügen, deren Integration und Interpretation durch die KI Zeit benötigt. Beim Verfassen dieser komplexeren Sätze muss man jedoch präzise artikulieren und sicherstellen, dass jeder Bestandteil des Satzes zum Endziel einer klaren Kommunikation beiträgt.

Aus dieser Sicht wird die Technologie, die diesen Interaktionen zugrunde liegt, nicht nur wegen ihres Nutzens geschätzt, sondern auch wegen ihrer Anpassungsfähigkeit – der Art und Weise, wie sie schnelle, sachliche Austausche oder ausführlichere Gespräche bewältigen kann. Diese Wertschätzung wächst, wenn man beginnt, das Innenleben der KI nicht als dichten Nebel von Algorithmen, sondern als strukturierte, reaktionsfähige Einheit zu sehen. Die Auseinandersetzung mit KI durch Sprache wird zu einem ausgewogenen Verhältnis von Praktikabilität und Tiefe und lädt zu kontinuierlichem Lernen und Gesprächen ein.

Hier ist die Aufschlüsselung, wie KI einfache und komplexe Sätze unterscheidet und verarbeitet:

- **Lexikalische Analyse:**

- Identifiziert einzelne Wörter und Satzzeichen als Token, ähnlich dem Lesen einer Zutatenliste vor dem Kochen.

- Substantive und Verben sind für ihre grundlegende Rolle bekannt, etwa als Grundzutaten in einem Gericht.

- Bestimmt Wortgrenzen, ähnlich dem Abmessen und Anordnen von Portionen für jede Mahlzeitkomponente.

- **Syntaktisches Parsen:**

- Konstruiert einen syntaktischen Baum und ordnet Wörter in einer hierarchischen Struktur an, die ihre grammatikalischen Beziehungen definiert, ähnlich wie beim Befolgen der Schritte eines Rezepts zum Kombinieren von Zutaten.

- Einfache Sätze bilden einen einfachen „Baum" mit wenigen Zweigen.

- Komplexe Sätze bilden aufgrund von Satzteilen und Phrasen einen „Baum" mit vielen Zweigen und fügen der Struktur Schichten hinzu, wie bei einer vielschichtigen Lasagne.

- **Semantische Analyse:**

- Leitet die Bedeutung aus der Satzstruktur ab und verbindet sie mit potenziellen Funktionen und Zwecken, ähnlich wie das Verständnis des Geschmacks, den jede Zutat einem Gericht verleiht.

- Einfache Sätze weisen typischerweise klare, eindimensionale Aromen auf.

- Komplexe Sätze erfordern die KI, um mehrere Bedeutungsstränge zu entwirren, beispielsweise um die Aromen in einem komplexen Curry zu entwirren.

- Verarbeitung komplexer Sätze:

- Verwaltet Sätze mit mehreren Nebensätzen oder Modifikatoren unter Berücksichtigung des Kontexts, des Hintergrundwissens und des Zusammenspiels zwischen Satzelementen, vergleichbar mit dem Verständnis der Rolle jeder Zutat in einem Gourmet-Menü, bei dem Gewürze auf komplexe Weise interagieren können.

- Antwortgenerierung:

- Integriert alle Analysen, um eine kohärente Antwort zu erstellen, ähnlich wie ein Koch ein fertiges Gericht präsentiert, das aus einer Kombination aller zubereiteten Zutaten besteht.

– Bei einfachen Sätzen kann es sein, dass die KI schnell antwortet, etwa so, als würde man ein vorgefertigtes Sandwich servieren.

– Für komplexe Sätze benötigt die KI mehr Zeit, was dem sorgfältigen Anrichten eines mehrgängigen Abendessens entspricht.

die wahre Form des Busches freizulegen . So wie jeder überflüssige Zweig, der abgeschnitten wird, der Pflanze das Gedeihen ermöglicht, verdeutlicht jedes überflüssige Wort, das aus einer KI-Eingabeaufforderung herausgeschnitten wird, die Absicht und schärft den Fokus der KI. Hierbei handelt es sich nicht nur um ästhetische Beschneidung, sondern um eine wichtige Bearbeitung, die die Fähigkeit der KI verbessert, Befehle effizient zu verstehen und auszuführen.

Das Trimmen von KI-Eingabeaufforderungen ähnelt den gezielten Schnitten des Gärtners, die nicht zufällig erfolgen, sondern auf dem Wissen darüber basieren, wie Pflanzen wachsen – jede unnötige Phrase wird sorgfältig identifiziert und herausgeschnitten, was eine fruchtbarere Interaktion fördert. Der Gärtner kennt das einzigartige Muster jeder Pflanze, genauso wie man wissen muss, wie KI Sprache interpretiert und diese Weisheit nutzt, um den Überschuss zu entfernen und die Kernbotschaft zu fördern.

Durch dieses Prisma wird die Bearbeitung zu einem entscheidenden Prozess, nicht nur in der Gartenarbeit, sondern auch in unserem Dialog mit der Technologie, der eine möglicherweise verworrene Interaktion in einen klaren Weg nach vorne verwandelt. Jedes Wort wird abgewogen, jede Botschaft verfeinert. Die Präzision ist nicht um der Präzision willen; Sie ist in der Tat der Katalysator für einen effektiveren Austausch mit KI und von entscheidender Bedeutung für jeden, der diese Technologie nutzen möchte, egal ob Laie oder Experte. Bei dieser Klarheit geht es nicht nur darum, dass es funktioniert; Es geht darum, das Gespräch zu meistern, ähnlich wie der Gärtner, dessen Wissen und Sorgfalt dafür sorgen, dass ein Garten gedeiht.

Werfen wir einen tieferen Blick auf das Thema der Präzision in der Sprache für eine effektive KI-Kommunikation. Die Essenz einer klaren Kommunikation mit KI spiegelt die genaue Kenntnis eines Gärtners über die Bedürfnisse jeder Pflanze wider. In der Welt einer KI ist Sprache der Boden und das Wasser, die ihr Verständnis nähren.

- <u>Tokenisierung:</u>

- KI beginnt damit, Sätze in Token zu zerlegen, ähnlich wie die Identifizierung der verschiedenen Elemente, die eine Pflanze zum Wachsen benötigt – Wasser, Licht, Bodennährstoffe.

- Jedes Wort ist segmentiert, sodass die KI die Syntax kritisch prüfen kann.

- **Analyse:**

- Beim Parsen legt die KI die Wurzeln fest und stellt fest, in welcher Beziehung jedes Token zu den anderen innerhalb des Satzes steht.

- Für die KI wird eine Karte des Satzes erstellt, ein syntaktischer Baum, der die strukturellen Beziehungen zwischen Wörtern verkörpert.

- **Semantische Analyse:**

- Sobald die Struktur klar ist, befasst sich die KI mit der Semantik, geht der Bedeutung auf den Grund und interpretiert jedes Wort so, als würde ein Gärtner subtile Anzeichen für die Pflanzengesundheit wahrnehmen.

- Hier werden Phrasen nicht nur anhand ihrer Wörterbuchdefinitionen verstanden, sondern auch dadurch, wie sie im Kontext verwendet werden, um Bedeutung zu vermitteln.

- **Algorithmen für maschinelles Lernen:**

- KI nutzt Algorithmen, um sich anzupassen und zu lernen,

indem sie auf vergangene Interaktionen zurückgreift, um Sätze genauer zu interpretieren, ähnlich wie ein erfahrener Gärtner mit der Zeit lernt, die Bedürfnisse einer Pflanze zu erkennen.

- Mit der Zeit wird die Fähigkeit der KI, Benutzerabsichten vorherzusagen, immer schärfer, was differenziertere und genauere Reaktionen gewährleistet.

- **Auswirkungen auf die KI-Leistung:**

- Präzision in der Sprache rationalisiert die Aufgabe der KI, konzentriert ihre „Vision" auf das Wesentliche und erhöht die Effizienz und Erfolgsquote der Interaktion.

- So wie ein Gärtner das Unnötige wegschneidet, um ein gesundes Wachstum zu fördern, ermöglicht die Reduzierung von Sätzen auf ihre klarste Form der KI, mit größerer Sicherheit zu verstehen und zu handeln.

- **Reale Anwendungen:**

- In der Praxis bedeutet das, Aufforderungen zu verfassen, die direkt auf den Punkt kommen. „Senden Sie die E-Mail an John" hat Vorrang vor „Ich habe mich gefragt, ob Sie die E-Mail, über die wir heute Morgen gesprochen haben, vielleicht an John senden könnten?"

- Die Reduzierung der Komplexität verdeutlicht nicht nur die Absicht, sondern verhindert auch, dass die KI die Anfrage falsch interpretiert.

Die Art und Weise, wie ein Redenschreiber wie Jon Favreau

während seiner Amtszeit bei Obama Worte auswählt und sie zusammenfügt, verleiht Macht. Jeder Satz ist auf Resonanz und Wirkung ausgelegt. Bei der Erstellung von KI-Eingabeaufforderungen muss man eine ähnliche Strategie anwenden. Für eine klare und effektive Kommunikation muss die Syntax – die Reihenfolge der Wörter, ihre Funktion und ihre Verbindung untereinander – berücksichtigt werden. Es ist nicht unähnlich der Sorgfalt, mit der Aromen in einem Gericht geschichtet werden, oder der Präzision beim Stimmen eines Musikinstruments.

Jeder Teil der Sprache in KI-Eingabeaufforderungen übernimmt eine Rolle, die dem Kontext und dem gewünschten Ergebnis entspricht. Ein Substantiv legt das Subjekt fest, ein Verb belebt es mit Handlung und Adjektive verleihen ihm Charakter. Wenn diese Elemente in einem Satz zusammenpassen, interpretiert die KI die Struktur, analysiert die Absicht und projiziert eine angemessene Antwort.

Bei dieser sorgfältigen Konstruktion geht es nicht nur um sprachliche Formalität; Es ist eine Blaupause für Engagement. Wenn Sie wissen, wie Eingabeaufforderungen zusammengesetzt werden, können Sie das volle Potenzial der Technologie ausschöpfen. Es geht über den Akt des Programmierens hinaus und wird zu einem Dialog – einem Dialog, in dem sowohl der Sprecher als auch die KI verstehen und effektiv reagieren.

Das Ziel beim Satzbau besteht nicht darin, Sie durch die Komplexität einzuschüchtern, sondern sicherzustellen, dass Sie informiert, Ihr Wissen vertieft und Ihre Wahrnehmung nicht durch Fachjargon, sondern durch die klaren, spezifischen Wahrheiten der Sprachmechanik geprägt werden. Hier trifft technisches Können auf alltäglichen Nutzen und verwandelt jede KI-Interaktion von einem einfachen Befehl in einen reichhaltigen, lohnenden Austausch.

Werfen wir einen tieferen Blick auf das Thema Syntax bei der

Verarbeitung natürlicher Sprache durch KI. Die Syntax fungiert als Rahmen, anhand dessen die KI die Struktur und Bedeutung eines Satzes identifiziert, ähnlich wie ein Ingenieur den Bauplan einer komplexen Engine entschlüsselt. Jedes Wort, ähnlich einem Rädchen oder Bolzen, hat einen bestimmten Platz und eine bestimmte Rolle. Substantive fungieren als grundlegende Komponenten, Verben treiben den Motor voran und Adjektive modifizieren die Leistung des Motors.

KI verwendet syntaktische Regeln, um diese Wörter in einer Reihenfolge anzuordnen, die der Logik der menschlichen Sprache entspricht. Der Prozess ist methodisch: Ein KI-Algorithmus, ein sogenannter Parser, nimmt die Textzeichenfolge auf und beginnt, sie zu dekonstruieren, wodurch ein sogenannter Parse-Baum erstellt wird. Dieser Baum bildet die Beziehungen zwischen Wörtern ab: welche Substantive wirken, welche Aktionen Verben vorschreiben und wie Adjektive diese Aktionen färben.

Stellen Sie sich vor, Sie würden eine Eingabeaufforderung von „Bericht per E-Mail senden" in „Bericht präsentieren" ändern. Der Wechsel von „E-Mail" zu „Präsent" verändert das „Verständnis" der KI von einer schriftlichen Mitteilung zu möglicherweise einer mündlichen Unterrichtung. Es ist vergleichbar mit dem Umschalten eines Reglers von „Backen" auf „Grillen" – die Gesamtfunktion des Kochens ändert sich nicht, wohl aber die Technik und das Ergebnis.

Das Navigieren durch einen Parsing-Algorithmus offenbart die Eleganz der Arbeitsweise der KI. Während die Maschine diesen grammatikalischen Autobahnen gut folgen kann, kann jede Umleitung oder jedes Hindernis – ein falsch platziertes Wort oder Satzzeichen – ihre Route ändern. Wenn Sie dies verstehen, können Sie erklären, warum die Aufrechterhaltung von Klarheit und Einfachheit bei Eingabeaufforderungen genauso wichtig ist wie das genaue Abmessen der Zutaten beim Befolgen eines Rezepts.

133

Die detaillierte Beschreibung der syntaktischen Reise der KI zeigt nicht nur die mechanische Begabung, sondern auch ihre sich entwickelnden Fähigkeiten, nuancierte menschliche Anweisungen zu interpretieren. Jede Erklärung hier ist darauf ausgelegt, sicherzustellen, dass die Revolution der Sprach- und Texterkennung innerhalb der KI nicht als hochtrabendes Rätsel, sondern als Konzept betrachtet wird, das so greifbar ist wie das geschriebene Wort selbst.

Im Bereich der KI herrscht Klarheit, ebenso wie im Trubel eines geschäftigen Restaurants. Überlegen Sie, wie ein Kellner mit klaren, spezifischen Anweisungen gekonnt eine auf Ihre Anfrage zugeschnittene Mahlzeit servieren könnte. In ähnlicher Weise reagieren KI-Systeme mit höchster Genauigkeit, wenn Anweisungen eindeutig und ohne Raum für Mehrdeutigkeiten dargestellt werden – ähnlich wie bei einer individuellen Bestellung. Diese eindeutigen Hinweise fungieren als Wegweiser für die KI und leiten sie ohne unnötige Umwege zur beabsichtigten Aktion.

Wenn man detailliert beschreibt, wie KI diese Eingabeaufforderungen verarbeitet, kann man das Parsen strukturierter Sprache mit einem Koch vergleichen, der ein Gericht zubereitet. Die Satzstruktur sagt der KI, was sie zubereiten soll, die Wörter dienen als Zutaten und die Absicht dahinter ist das zu befolgende Rezept. Je einfacher die Anweisungen, desto schneller und genauer kann die KI das Ergebnis „ausliefern".

So wie ein Koch sein Wissen nutzt, um Aromen zu verbessern, nutzt die KI ihre erlernten Algorithmen, um die Interaktion zu verbessern. Anspruchsvolle Sprachmodelle berücksichtigen Syntax und Semantik, funktionieren jedoch am besten unter den Richtlinien klarer, gut strukturierter Eingabeaufforderungen. Jede Nuance zählt, denn selbst eine geringfügige Änderung des Wortlauts kann die Interpretation und das Ergebnis der KI verändern, so wie das Ersetzen einer Zutat das Profil eines Gerichts verändern kann.

Dieser komplizierte Mechanismus der Verarbeitung natürlicher Sprache wird hier in fließenden Worten vermittelt, ohne auf dichten Fachjargon oder technische Labyrinthe zurückzugreifen. Ziel ist es, aufzuklären und den Vorhang für einen so komplexen Prozess wie KI mit der Leichtigkeit und Transparenz eines freundlichen Gesprächs zu öffnen und sicherzustellen, dass jede Offenbarung das Verständnis stärkt und die Neugier weckt.

Werfen wir einen tieferen Blick auf das Thema Satzstruktur und Wortwahl im Sprachverständnis der KI. Der Weg von der Aufforderung zur Antwort beginnt mit der Tokenisierung, bei der die KI den Text aufschlüsselt. Wie ein Koch, der Zutaten zubereitet, segmentiert die KI Sätze sauber in einzelne Wörter und Satzzeichen, die jeweils als eigenständige Einheit für die Analyse dienen.

Nach Abschluss der Tokenisierung verwendet die KI Parsing-Algorithmen, um einen Syntaxbaum zu erstellen. Bild zum Bau eines Modellflugzeugs; Jedes Teil hat einen bestimmten Platz und es ist entscheidend, sie in der richtigen Reihenfolge zusammenzufügen. Parsing-Algorithmen funktionieren ähnlich und weisen jedem Token grammatikalische Rollen zu und legen so den Rahmen für die KI fest, um die Eingabeaufforderung zu interpretieren.

Betrachten Sie nun den Schritt, bei dem KI Kontext und Semantik anwendet. Es ist, als würde man sich einen Bauplan ansehen; KI versteht nicht nur die Struktur, sondern auch die Funktion – welchen Zweck jedes Wort bei der Gesamtgestaltung des Satzes erfüllt. Die semantische Analyse ermöglicht es der KI, die Bedeutung über die bloße Wörterbuchdefinition hinaus zu erfassen und Hinweise aus dem Kontext zu nutzen, um auf die beabsichtigte Aktion zu schließen.

Dann kommen Modelle des maschinellen Lernens ins Spiel. Diese Modelle sind wie erfahrene Kunsthandwerker, die ihr Handwerk im Laufe der Zeit verfeinern. KI lernt aus vergangenen Interaktionen und passt ihre Interpretationen an zukünftige Aufforderungen besser an. Durch diesen Lernprozess optimiert die KI ihre Fähigkeit, unsere Anfragen zu entschlüsseln.

Gut konstruierte und eindeutige Eingabeaufforderungen dienen als Blaupausen mit klaren Anweisungen und stellen sicher, dass die KI effizient die richtige Antwort „aufbauen" kann. So wie ein klares Handbuch den reibungslosen Zusammenbau anleitet, sorgt eine unkomplizierte Eingabeaufforderung für eine genaue und schnelle KI-Reaktion.

Wenn wir über unsere Reise durch die Welt der Syntax und Satzstruktur nachdenken, wird klar, dass die Art und Weise, wie wir unsere Wörter zusammensetzen, unseren Dialog mit KI erheblich beeinflussen kann. Das präzise Konstruieren von Sätzen ist so, als würde man einem Rezept folgen, um ein nahrhaftes Gericht zuzubereiten. Eine sorgfältige Betrachtung jeder Zutat – der Substantive, der Verben, der Adjektive – stellt sicher, dass das Endergebnis wie beabsichtigt ist, ähnlich wie die Auswahl der richtigen Geschmacksrichtungen für eine Mahlzeit deren Erfolg garantiert.

In diesem Kapitel wurden die Grundlagen einer effektiven Kommunikation mit KI dargelegt. Es hat sich gezeigt, dass ein wohlgeformter Satz nicht nur eine Aneinanderreihung von Wörtern ist; Es ist der Schlüssel, um ein klares Verständnis und zielgerichtete Reaktionen der KI zu ermöglichen. Jedes Element eines Satzes erfüllt eine Funktion bei der Übermittlung unserer Botschaft, so wie jeder Schritt in einem Rezept zum fertigen Gericht beiträgt.

Ziel dieser Erzählung war es, Einblicke zu bieten, die nicht nur informativ, sondern auch nachvollziehbar und ansprechend sind. Durch klares Sprechen und Vermeiden von Komplexität in der Sprache werden die Nuancen der Sprachfähigkeiten der KI so greifbar und vertraut gemacht wie die Schritte bei der Zubereitung einer hausgemachten Mahlzeit. Die Technologie hinter der KI ist fortschrittlich, doch ihre Anwendung wurzelt im Wesen der menschlichen Sprache. Mit diesem neu gewonnenen Wissen sind Sie nicht nur informiert, sondern auch für die Interaktion mit KI gerüstet und bereichern diesen digitalen Austausch in Ihrem täglichen Leben.

MEHRDEUTIGKEIT VERMEIDEN

Begeben Sie sich auf die Seiten von Kapitel 6: Mehrdeutigkeit vermeiden, wo die Führung klar und zielgerichtet hervorströmt und durch Verwirrung hindurchdringt. Dieses Kapitel ist eine Laterne im Nebel und beleuchtet Methoden zum Polieren von Eingabeaufforderungen, bis sie klar und zielgerichtet erstrahlen. So wie Sonnenlicht den Tag klarer macht und keinen Platz für Schatten lässt, um Details zu verbergen, so wirft dieser Abschnitt auch Licht auf die Gestaltung einer Sprache, der die KI mit Sicherheit und Verständnis folgen kann.

Auf diesen Seiten finden Sie ein Toolkit für eine klare Kommunikation, in dem jede Strategie und jeder Tipp nicht mit der Komplexität eines Rätsels, sondern mit der Klarheit eines Morgenhimmels dargelegt wird. Hier werden Ideen, die im Jargon verwickelt erscheinen könnten, in klare Worte gefasst. Sie erfahren, wie jedes Wort und jede Phrase eine entscheidende Rolle im Dialog mit KI spielt, ähnlich wie einzelne Noten zur Melodie eines Liedes beitragen.

Sie lesen nicht nur einen Leitfaden; Sie gewinnen Erkenntnisse, die mit dem weiten Netz des Alltags in Verbindung stehen. Es geht darum, sicherzustellen, dass das Gespräch mit KI nicht nur gehört, sondern verstanden wird, und einen Dialog zu fördern, in dem beide Parteien dieselbe Sprache sprechen. Diese Erzählung führt Sie als Leser über die Tore des einfachen Verstehens hinaus in einen Bereich, in dem Sie sich mit KI unterhalten können, so natürlich wie mit einem alten Freund beim Kaffee.

Im Bereich der KI kann die Kraft klarer Kommunikation

nicht hoch genug eingeschätzt werden – sie ist der Leuchtturm, der den Nebel durchdringt. Dabei geht es darum, Worte mit der gleichen Präzision und Absicht zu wählen, wie ein Schütze einen Schuss ausrichtet, um sicherzustellen, dass jeder Befehl ins Schwarze trifft. Mit KI zu sprechen bedeutet, sich auf eine Reise durch die Sprache zu begeben, in der jedes Wort oder jeder Satz eine enorme Bedeutung hat und Klarheit nicht nur von Vorteil, sondern von wesentlicher Bedeutung ist.

Jeder Begriff wird aufgrund seiner Fähigkeit ausgewählt, zum Gesamtverständnis beizutragen, ähnlich wie jedes Teil eines Uhrwerks für die genaue Zeitmessung unerlässlich ist. In dieser Welt, in der Anweisungen zu Handlungen werden, ist die Synergie von Worten ebenso entscheidend wie die Beziehung zwischen einem Schloss und seinem Schlüssel.

Sich in dieser Landschaft zurechtzufinden bedeutet, Sätze in ihre Hauptbestandteile zu zerlegen – jedes Subjekt, jedes Verb und jedes Objekt – und ihre individuelle Bedeutung sowie ihre kollektive Wirkung zu verstehen. So wie ein Koch versteht, wie verschiedene Zutaten kombiniert werden, um nuancierte Aromen zu erzeugen, müssen wir verstehen, wie Wörter kombiniert werden, um der KI detaillierte Anweisungen zu übermitteln.

Hier geht es nicht nur darum, zu informieren, sondern auch aufzuklären, und lädt zu einem Streifzug in die Tiefen der KI-Kommunikation ein, der so faszinierend ist wie die Wendung der Handlung eines Romans. Es ist eine Erzählung, die Kraft gibt, die Komplexität in Einsicht und Verständnis in Meisterschaft umwandelt, und das mit der Sicherheit eines erfahrenen Führers, der einen Neuling in neue Gebiete führt.

Wenn die KI eine Aufforderung erhält, begibt sie sich auf eine akribische Reise des Verständnisses, ähnlich wie ein Schütze, der seine Ausrüstung sorgfältig vorbereitet, bevor er einen Schuss abgibt. Der erste Schritt in diesem Prozess ist die lexikalische Analyse, bei der die KI jedes Wort und Symbol in der Eingabeaufforderung erkennt, als würde sie in das Fass blicken, und jedes kritische Element in ihrem Sichtfeld lokalisieren.

- **Lexikalische Analyse** :

- KI analysiert die Eingabeaufforderung in diskrete Einheiten, sogenannte Token.

- Es identifiziert die Bedeutung jedes Tokens und kategorisiert sie in Worttypen – Substantive, Verben, Adjektive und mehr.

Im weiteren Verlauf befasst sich die KI mit der syntaktischen Analyse, einem heiklen Prozess, der dem Zusammenbau einer Uhr ähnelt, bei dem jedes Zahnrad perfekt passen muss, um die Genauigkeit zu gewährleisten.

- **Syntaktisches Parsen** :

- Konstruiert einen Analysebaum aus den Token und beschreibt die grammatikalische Struktur.

- Es definiert Beziehungen zwischen Token und stellt sicher, dass die „Zahnräder" – Subjekte, Objekte und Prädikate – nahtlos ineinandergreifen.

Als nächstes befasst sich die KI mit der semantischen Verarbeitung, wo sie Bedeutungen und Absichten interpretiert. Diese Phase ähnelt der Dekodierung komplexer Phrasen durch einen Übersetzer, um sicherzustellen, dass die Feinheiten der Sprache nicht verloren gehen.

- **Semantische Verarbeitung** :

- KI wendet Kontext an, um die Semantik hinter jeder Struktur zu verstehen.

- Es verknüpft die Wörter mit seinen erlernten Modellen, um die Bedeutung hinter der Eingabeaufforderung abzuleiten.

Schließlich kommt die KI zur Antwortgenerierung und synthetisiert ihre Analyse, um eine passende Aktion zu erzeugen. Hier wird der Höhepunkt seiner sprachlichen Zerlegung getestet, indem er einen Piloten widerspiegelt, der nach sorgfältigen Kontrollen fehlerfrei durch Turbulenzen navigiert.

- **Antwortgenerierung** :

- KI wählt auf der Grundlage ihrer Analyse die am besten geeignete Aktion aus.

- Es erzeugt dann eine Reaktion und erledigt die Aufgabe, ähnlich wie ein Schütze, der seinen Schuss mit Präzision und Sorgfalt ausführt.

Stellen Sie sich vor, Sie segeln über das blaue Meer, wo jede Welle und jeder Wind Ihren Weg verändern könnte. Ein Seemann verlässt sich bei der Navigation durch die Weiten auf einen Kompass und eine Karte – diese Werkzeuge sind der Kontext, der eine Reise von einer Glückssache in eine Entdeckungsgeschichte verwandelt. In ähnlicher Weise benötigt die KI den Kontext, um zu verstehen, wohin sie gehen muss und wie sie dorthin gelangt. Kontextuelle Markierungen in

KI-Grundlagen des Prompt Engineering

unserer Sprache sind wie die Sterne, anhand derer die Seefahrer früher ihren Kurs bestimmten; Sie weisen der KI den Weg und geben Klarheit und Orientierung.

Jede an die KI übermittelte Information fungiert wie eine Koordinate und informiert sie nicht nur über das Ziel, sondern auch über die einzuschlagende Route. Wenn Sie diese kritischen Markierungen weglassen, wird die Route der KI zur Vermutung. Wenn sie jedoch mit umfangreichen kontextbezogenen Hinweisen ausgestattet ist, wie etwa einer mit Orientierungspunkten übersäten Karte, kann die KI mit der Sicherheit eines erfahrenen Kapitäns von der Anfrage bis zur Schlussfolgerung vorgehen.

Das ist die Essenz einer intelligenten Interaktion mit KI – nicht nur das Auflisten von Befehlen, sondern die Teilnahme an einem Dialog, bei dem der Kontext so klar ist wie die Konstellationen in einer klaren Nacht. Es geht darum, die Schönheit der Präzision in der Kommunikation zu verstehen und sicherzustellen, dass die Anweisungen so fundiert sind wie ein auf die Reise vorbereitetes Schiff. Im Gespräch beim Kaffee, in einem freundlichen und gleichberechtigten Ton, werden diese Einblicke in die KI so verständlich wie das Lesen der morgendlichen Schlagzeilen und verwandeln die enorme Leistungsfähigkeit der KI in Wissen, das so einfach zu navigieren ist wie vertraute Pfade.

Hier ist ein tieferer Blick darauf, wie KI Kontextinformationen nutzt, um menschliche Eingaben zu interpretieren:

- **Verstehen natürlicher Sprache (NLU):**

– Ähnlich wie ein Segler Wind und Wellen erkennt, beginnt die KI mit NLU, um die Situationsbedingungen rund um die Eingabe zu erkennen.

142

- **Parsing** : KI analysiert die Struktur des Satzes und unterscheidet zwischen Wortarten, so wie Navigatoren zwischen Meeresmarkierungen unterscheiden.

- **Tokenisierung** : Es zerlegt die Eingabeaufforderung in kleinere Token und identifiziert die „Konstellation" von Schlüsselwörtern, ähnlich einem Seemann, der Navigationssterne entdeckt.

- **Datenidentifikation:**

- KI sucht nach wichtigen Datenpunkten innerhalb dieser Token und lokalisiert sie mit der Präzision eines Navigators, der Sterne verwendet, um eine Position zu kartieren.

- **Schlüsselwörter** : Dies sind die Eingabeaufforderungskomponenten, die als wichtige „Markenzeichen" hervorstechen.

- **Entitäten** : KI identifiziert und kategorisiert Substantive als bestimmte „Inseln" oder „Häfen", die für den Befehl relevant sind.

- **Interpretationsmodelle:**

- Mithilfe der Datenpunkte formuliert die KI mithilfe ausgefeilter Modelle ein Verständnis.

- **Kontextuelle Modelle** : Diese ermöglichen es der KI, die Elemente der Eingabeaufforderung abzuwägen, so wie ein

Kapitän verschiedene Navigationsinstrumente in Betracht zieht.

- **Maschinelles Lernen** : Mit der Zeit lernt die KI, Muster und „Meeresströmungen" in Sprachkontexten besser zu erkennen.

- **Bedeutung des vollständigen Kontexts:**

- Indem der KI ein vollständiges Bild – ein klarer und prägnanter Kontext – bereitgestellt wird, wird sichergestellt, dass sie über die genauen „Koordinaten" für eine zuverlässige Reaktion verfügt.

- **Klarheit** : So wie präzise Koordinaten ein Schiff zum richtigen Dock führen, leitet die exakte Sprache die KI zur richtigen Aktion.

- **Prägnanz** : Durch die Vermeidung überflüssiger Informationen bleibt die KI „auf Kurs", ohne von irrelevanten „Strömungen" in die Irre geführt zu werden.

Diese Schritt-für-Schritt-Anleitung schneidet durch den technischen Nebel, ähnlich wie ein Leuchtturm die Nacht durchschneidet, und präsentiert die KI-Sprachverarbeitung als einen spannenden und lehrreichen Prozess. Es geht darum, dem Leser das Wissen eines Navigators in einer Welt zu vermitteln, in der die Sprache das Meer und die KI das Schiff ist, das seinen Kurs durch unsere Dialoge festlegt.

So wie ein Architekt ein Lineal verwendet, um sicherzustellen, dass jede Linie auf einem Bauplan gerade und wahr ist, erfordert die Erstellung einer KI-Eingabeaufforderung eine klare Sprache, die sorgfältig abgemessen und angebracht wird. Dieser vorgefertigte Kommunikationsansatz signalisiert der KI den Entwurf der Absicht: Wo soll man beginnen, welchen Weg soll man einschlagen und an welchem Punkt soll man zu einem Ergebnis gelangen.

Der Aufbau einer Aufforderung basiert auf Selektivität – der Auswahl von Wörtern unter Berücksichtigung ihrer Rolle und Wirksamkeit. Es ist ein bewusster Prozess, ähnlich dem Entwurf einer Struktur, die nicht nur robust, sondern auch funktional ist. Eine gut gestaltete Eingabeaufforderung passt sich der KI-Programmierung an und ermöglicht es ihr, die eingegebenen Wörter mit der Präzision und Absicht zu analysieren, zu interpretieren und darauf zu reagieren.

Die Steuerung dieses Prozesses bedeutet, Befehle in ihre Grundelemente zu zerlegen, so wie ein Architekt ein Gebäude in Stockwerke, Räume und Wände zerlegt. Jedes Wort ist ein Baustein, und die Reihenfolge ist der Mörtel, der sie zusammenhält. In dieser sorgfältigen Anordnung liegt die Fähigkeit der KI, Maßnahmen zu ergreifen, die die Aufforderung präzise widerspiegeln und die Struktur Wort für Wort, Stein für Stein widerspiegeln.

Durch diese Diskussion werden die Schleier der Komplexität gelüftet und jede Phase in Begriffen dargestellt, die mit der allgemeinen Erfahrung in Einklang stehen. Es ist ein Gespräch, das den komplizierten Tanz der KI-Programmierung in eine klare Abfolge von Schritten verwandelt – ein Diskurs, der in einem sicheren, aber dennoch frei von jeder Spur von Überlegenheit geführten Ton geführt wird und sicherstellt, dass jeder Leser gleichberechtigt, verständnisvoll und befähigt ist.

Werfen wir einen tieferen Blick auf das Thema der sorgfältigen Konstruktion von KI-Eingabeaufforderungen aus der Sicht eines erfahrenen Architekten, der eine komplexe Struktur entwirft. Die erste Phase ist die Tokenisierung, bei der die KI die grundlegenden Einheiten der Eingabeaufforderung

145

identifiziert – ähnlich wie ein Architekt die spezifischen Materialien auswählt, die für die Gebäudestruktur erforderlich sind.

- **Tokenisierung** :

- KI unterteilt den Text in Token – Wörter und Phrasen, die die Bestandteile der Eingabeaufforderung sind.

- Wie Ziegel, Stahlträger und Glasscheiben sind diese Spielsteine die Rohstoffe für die Konstruktion von Bedeutung.

Beim Übergang von der Auswahl zur Anordnung übernimmt die KI die syntaktische Analyse. Hier kommen die Regeln der Grammatik ins Spiel und bilden einen ebenso verlässlichen Rahmen wie die von einem Architekten gelegten Grundlagen.

- **Syntaktisches Parsen** :

- KI organisiert Token in einem Parse-Baum, um die Struktur des Satzes zu verstehen.

– Dieser Prozess legt die Beziehung zwischen Token fest, ähnlich wie ein Architekt Fundamentelemente positioniert, um die Last eines Gebäudes zu tragen.

Um tiefer in die Komplexität vorzudringen, befasst sich die KI mit der semantischen Analyse. Diese Phase ist entscheidend – hier prägt die abgeleitete Bedeutung die endgültige Reaktion und spiegelt das differenzierte Verständnis eines Architekten wider, der die Ideen eines Kunden in einen greifbaren Plan umsetzt.

- **Semantische Analyse** :

- KI wertet den Kontext rund um die Token aus und interpretiert die Wörter im weiteren Sinne der Eingabeaufforderung.

- So wie ein Architekt Funktionalität mit ästhetischem Reiz verbindet, kombiniert KI die wörtlichen und übertragenen Bedeutungen, um die Absicht des Sprechers zu erfassen.

Der Höhepunkt dieser architektonischen Reise ist die Generierung von Reaktionen. KI synthetisiert die Ergebnisse der Tokenisierung, Analyse und semantischen Analyse, um eine Antwort zu konstruieren, die so präzise ist wie ein Handwerker, der ein Endprodukt formt.

- **Antwortgenerierung** :

- Die KI bestimmt die am besten geeignete Aktion und erstellt eine Reaktion, die auf die Befehle des Benutzers abgestimmt ist.

- Ähnlich wie bei der Enthüllung eines fertiggestellten Gebäudes wird jedes Detail akribisch berücksichtigt, um sicherzustellen, dass das Ergebnis sowohl präzise als auch voll funktionsfähig ist.

So wie eine Klinge den sorgfältigen Prozess des Schärfens durchläuft, um einen präzisen Schnitt zu erzielen, sorgt die Kunst der Überarbeitung beim Schreiben dafür, dass Wörter und Phrasen auf ihre wirkungsvollste Form reduziert werden. Diese geschliffene Klarheit ist es, was die KI braucht, um

Befehle zu entschlüsseln und auszuführen. Denken Sie an das Kochen: Eine Zutat wird verfeinert oder reduziert, bis ihr Geschmack am Gaumen kräftig und unverwechselbar ist. Bei der Erstellung von Eingabeaufforderungen für die KI beseitigt jede Überarbeitung eine Ebene potenzieller Missverständnisse, indem beispielsweise die Hülle entfernt wird, um den darin enthaltenen Kern freizulegen.

Das Ziel dieses Prozesses besteht darin, eine Wortfolge zu erstellen, die nicht nur verstanden wird, sondern auch eine bestimmte Absicht widerspiegelt, sodass die KI keine Unsicherheiten darüber hat, wie sie vorgehen soll. Dies ist keine auf die Welt der Schriftsteller beschränkte Praxis; Es handelt sich um einen Grundsatz, der für jeden gilt, der effektiv mit KI kommunizieren möchte. Dabei wird sichergestellt, dass jede bereitgestellte Anweisung so präzise ist wie die kulinarischen Anweisungen eines Kochs. Diese Erzählung zielt darauf ab , das Wesentliche der Überarbeitung zu vereinfachen und sie von einer literarischen Aufgabe in einen grundlegenden Teil der Interaktion mit Technologie zu verwandeln – indem sie den Fokus schärft, sodass die endgültige Kommunikation so direkt und zuverlässig ist, als würde man einen gut eingestellten Kompass zur Navigation verwenden.

Werfen wir einen tieferen Blick auf das Thema der Verfeinerung von KI-Eingabeaufforderungen für mehr Klarheit. Der Beginn dieser komplizierten Aufgabe ähnelt einem Koch, der zunächst ein Gericht beurteilt, das zu komplex ist – bei dem die Aromen eher konkurrieren als sich ergänzen. Angesichts einer überkomplizierten Sprache steht die KI vor einer ähnlichen Herausforderung: Sie durchsucht die Ausführlichkeit, um umsetzbare Absichten zu ermitteln.

- **Reduzierung von Fremdsprachen** :

- Der Koch entfernt zu starke Gewürze; Ebenso werden überflüssige oder unklare Formulierungen aus der KI-Eingabeaufforderung entfernt.

- Das Streben nach Kürze und Einfachheit stellt sicher, dass die KI wichtige Informationen ohne Verwirrung lokalisiert.

- **Präzision bei der Wortauswahl** :

- Jedes Gewürz in der Speisekammer birgt Potenzial, aber ein anspruchsvoller Koch weiß genau, welches er wann verwenden muss. Wörter in einer KI-Eingabeaufforderung funktionieren ähnlich – jedes wird aufgrund seiner Wirksamkeit und seines Potenzials zur Aktivierung des gewünschten KI-Prozesses ausgewählt.

- Spezifität wird zum Schlüssel – das Wort „Zeitplan" könnte ein Kalenderereignis auslösen, während „Entwurf" die KI dazu veranlassen könnte, ein Dokument zu erstellen.

- **Benutzerfeedback und seine Rolle** :

- Ein Koch probiert ein Gericht während der Zubereitung und passt es je nach Bedarf an. Das Feedback des Benutzers zu KI-Eingabeaufforderungen dient als dieser Geschmackstest und signalisiert, welche Wortwahl den richtigen „Geschmack" oder die richtige Aktion der KI hervorruft.

- Feedbackschleifen sind für die KI von entscheidender

Bedeutung, um Aufgaben zu lernen und zu priorisieren und ihre Interpretationsalgorithmen bei jeder Interaktion zu verfeinern.

- Systematische Sprachverfeinerung :

- Konsequente Weiterentwicklung ist von größter Bedeutung. Der Koch optimiert ein Gericht, bis es perfekt ist. KI-Eingabeaufforderungen werden ebenfalls kontinuierlich überarbeitet, bis die Semantik mit der beabsichtigten Funktionalität übereinstimmt.

– Ebenso wie die Anpassung der Würze verbessert auch die Anpassung der Sprache in Aufforderungen das Verständnis und die Reaktionspräzision der KI.

Feedback im Tanz des Dialogs mit KI dient als transformative Kraft. Wenn das Verständnis zunächst ins Wanken gerät und die Absichten nicht perfekt erfasst werden, ist jeder Fehltritt kritisch. Es ist ein Prozess, der dem eines Bildhauers bei der Arbeit ähnelt: Mit jedem Klopfer und jedem Meißel wird aus einer einst vagen Form im Marmor eine definierte Figur, die nach und nach verfeinert wird, um die Vision des Künstlers zu offenbaren.

Bei diesem Kommunikationshandwerk wird das Feedback von der KI mit akribischer Sorgfalt analysiert, ähnlich wie bei der Analyse der Striche auf der Leinwand. Durch diese Analyse lernt und passt sich die KI an, ihr Verständnis vertieft sich und sie wird besser auf die Nuancen der menschlichen Sprache eingestellt. Durch die Destillation der Bedeutung aus einer Fehlkommunikation formt die KI ihre Reaktionen neu, so wie ein Bildhauer Ecken und Kanten glättet, um die endgültige Form zu erreichen.

Die Erzählung basiert hier nicht auf der Nomenklatur von Technikern oder der Komplexität von Ingenieuren, sondern auf der Schlichtheit eines Führers, der durch eine faszinierende Ausstellung führt. Die Absicht besteht darin, die Schichten dieses iterativen Prozesses zu entfalten und detailliert darzulegen, wie jeder Austausch den nächsten informiert und formt – um die Partnerschaft zwischen Menschen und KI zu klären, aufzuklären und zu verbessern. Durch diese geduldige Verfeinerung entwickeln sich die Reaktionen der KI weiter und werden durch wiederholtes Feedback zu einem Verständnis geformt, das so klar und beabsichtigt ist wie ein geformtes Meisterwerk.

Wenn wir in den Kern von KI-Kommunikationssystemen eintauchen, sehen wir ein Geflecht aus Rückkopplungsschleifen und Lernmechanismen, die den Wachstums- und Anpassungszyklen der Natur nicht unähnlich sind. KI-Algorithmen stehen bereit, den Zufluss neuer Informationen bei jeder Interaktion mit Menschen zu absorbieren und zu interpretieren.

- **Benutzer-Feedback analysieren** :

– KI beginnt damit, Rückmeldungen zu dekonstruieren und in verständliche Komponenten zu zerlegen, so wie ein Mechaniker einen Motor zerlegen würde, um ein Problem zu diagnostizieren.

- Beim Parsing liegt der Schwerpunkt auf der Lokalisierung von Fehlkommunikationen und der Identifizierung von Diskrepanzen zwischen anfänglichen Befehlen und den Aktionen der KI.

Betrachten Sie zum Beispiel diesen Pseudocode zum

Analysieren von Feedback:

Python

```
def parse_feedback(feedback, erwartete_antwort):

    Verständnis = NLP_model(Feedback)

    Diskrepanz        =        vergleichen_Antworten(Verstehen,
    erwartete_Antwort)

    Rückgabediskrepanz
```

- **Anpassungen des maschinellen Lernens** :

- Nach dem Parsen rücken Techniken des maschinellen Lernens in den Vordergrund. Wenn Verstärkungslernen die gewählte Methode ist, empfängt die KI positive oder negative Signale, ähnlich wie beim Training eines Haustiers; Für richtige Antworten wird man belohnt, für Fehltritte wird er sanft korrigiert.

- Überwachte Anpassungen bringen die KI dem erwarteten Ergebnis näher, basierend auf gekennzeichneten Daten, die als klare Beispiele für korrekte Interpretationen dienen.

Die Anpassungen könnten etwa so aussehen:

Python

defadjust_model(Diskrepanz, Modell):

bei Unstimmigkeiten:

model.train_on_discrepancy()

return model.optimized_for_accuracy()

- **Sentimentanalyse und Kontextverständnis** :

- KI bewertet nicht nur die Worte, sondern auch den Ton und die Stimmung dahinter. Es ist ein raffinierter Gaumen, der subtile Aromen in einem komplexen Gericht schmeckt.

- Kontextuelles Verständnis bedeutet, nicht nur das „Was", sondern auch das „Warum" hinter Benutzereingaben zu verstehen. Es ist der Unterschied zwischen Hören und wirklichem Zuhören.

Wir können die Stimmungsanalyseschleife wie folgt visualisieren:

Python

```
def sentiment_analysis(user_input):

    sentiment_score =analys_tone(user_input)

    adjust_prompt_sentiment(sentiment_score)

    gebe „update_prompt" zurück
```

- **Evolution mit jeder Interaktion** :

- Aufgrund dieses konsistenten Feedbacks optimiert die KI ihre Antworten und wird dadurch verständlicher und genauer. Es handelt sich um einen kontinuierlichen Zyklus der Verfeinerung, wobei jede Runde einen anspruchsvolleren KI-Gesprächspartner hervorbringt.

- Die Entwicklung wird in Daten erfasst, Algorithmen aktualisiert, die Effizienz verbessert und spiegelt wider, wie sich ein Schüler durch kontinuierliches Lernen und Korrekturen zu einem Gelehrten entwickelt.

Tauchen Sie ein in die Kunst der Konversation mit KI, deren Leitprinzipien der Schaffung eines Meisterwerks auf Leinwand ähneln – Klarheit in jedem Strich und Präzision in jedem Farbton. Egal, ob Sie ein Technik-Neuling oder ein Gelehrter sind, Sie können diese Philosophien im Dialog mit KI annehmen, so wie ein Künstler die Grundlagen seines Handwerks respektiert. Stellen Sie sich einen erfahrenen Maler vor, der die Farben bewusst auswählt. Ebenso wählen Sie Wörter für die KI mit durchdachter Genauigkeit aus.

Jedes Wort wirkt wie eine bestimmte Farbe, die dem Bild Tiefe und Emotion verleiht und Ihnen hilft, Ihre Absicht auszudrücken. Ein Gespräch mit KI ist wie eine Reihe von Pinselstrichen, die zusammen ein erkennbares Bild ergeben. Es handelt sich um einen iterativen Prozess, der möglicherweise Schichtung und Verfeinerung erfordert, ähnlich wie ein Gemälde Veränderungen durchläuft, bevor es seine endgültige Form erreicht.

Das Verständnis dieser Methode entmystifiziert die Interaktion mit KI und übersetzt hohe Konzepte in den vertrauteren Akt des Malens – bewusst, nachdenklich und ausdrucksstark. Der Ton ist der einer Orientierung, der den Weg für Anfänger erhellt und die Reise für Experten bereichert, um sicherzustellen, dass das Gespräch mit KI kein kryptischer Code, sondern ein zugänglicher Dialog ist. Jede Nuance wird tageslichtklar und jedes Detail dient dem Gesamtbild, sodass der Umgang mit KI nicht nur eine Notwendigkeit, sondern eine ausgereifte Fähigkeit ist.

Werfen wir einen tieferen Blick auf das Thema der Erstellung von Eingabeaufforderungen für KI, ähnlich wie ein Künstler, der akribisch die richtigen Farbtöne für seine Leinwand auswählt. Präzision bei der Wortwahl ist von größter Bedeutung – jeder Begriff fungiert wie ein bedeutungsvoller Farbton, der die letztendliche Reaktion der KI prägt.

- **Wortauswahl** :

- Während ein Künstler über die Stimmung nachdenkt, die jede Farbe auslöst, wählt er auf ähnliche Weise Wörter aus, die der KI genau die gewünschte Aktion oder Anfrage übermitteln.

- Vermeiden Sie Homonyme und mehrdeutige Begriffe, die die KI auf den Weg der Verwirrung führen könnten, und konzentrieren Sie sich stattdessen auf die Spezifität als Instrument zur Lenkung und Information.

- **Wörter zur Klarheit kombinieren** :

- So wie Komplementärfarben einem Gemälde Kontrast und Tiefe verleihen, ergeben analoge Wörter innerhalb einer Aufforderung ein klareres Bild für die KI.

- Wörter arbeiten zusammen, um Sätze zu konstruieren, die in ihren Anforderungen explizit sind, und stellen so sicher, dass die Verständniswege der KI eindeutig ausgerichtet sind.

- **Feedback und Iteration** :

- Feedback fungiert als Rückzug des Künstlers von seiner Leinwand, indem er über die Wirkung jedes Strichs nachdenkt und bei Bedarf Korrekturen durchführt.

- Iteration ist der Schlüssel; Jede Überarbeitung einer Eingabeaufforderung verfeinert das KI-Verständnis, passt den „Ton" der Interaktion an und stimmt ihn ab.

- **Iterativer Dialog** :

- Der kontinuierliche Dialog mit KI verfeinert die Präzision der Kommunikation und fördert ein gegenseitiges „Lernen", ähnlich der Art und Weise, wie ein Künstler seine Technik im Laufe der Zeit verfeinert.

- Dieser zyklische Austausch nähert sich immer mehr zuverlässigen, genauen und intuitiven KI-Reaktionen an und spiegelt die sich weiterentwickelnde Meisterschaft des Künstlers wider.

Halten Sie beim Nachklingen der letzten Worte dieses Kapitels fest an den wichtigsten Instrumenten der Präzision fest, die Ihnen in die Hand gegeben wurden – den Sprachwerkzeugen, die jeder Interaktion mit KI Klarheit verleihen. Mit diesen Tools wird jede Aufforderung zu einer gezielten Botschaft und stellt sicher, dass jeder digitale Austausch so präzise und wirkungsvoll ist wie der Pfeil des Bogenschützen, der ins Schwarze trifft.

Verstehen Sie, dass jedes gewählte Wort und jeder konstruierte Satz die Grundlage dafür bildet, dass die KI Ihren Anweisungen folgen kann. Es ist ein einfaches Rezept, bei dem jede Zutat ihren Platz hat und jede Anweisung entscheidend für das Endergebnis ist. Dieses Wissen, frei von den Fesseln des Fachjargons, verleiht Ihnen die Macht, die KI mit der Leichtigkeit und Sicherheit zu beherrschen, die Sie mit Ihrer Muttersprache haben.

Nehmen Sie diese Klarheit an und tragen Sie sie in die digitale Welt, wo sie zu Ihrem treuen Begleiter wird. Betrachten Sie jeden Befehl als einen weiteren Baustein im Gebäude Ihrer technologischen Interaktionen und bauen Sie eine robuste Struktur auf, die der Prüfung der Mehrdeutigkeit standhält. Lassen Sie dies eine Lektion sein, die über Seiten hinausgeht und Ihre Gespräche mit KI durchdringt und jede Aufforderung von einer bloßen Wortfolge in eine klare, klangvolle Stimme

157

verwandelt, die die KI versteht und respektiert.

KONTEXTUELLE ÜBERLEGUNGEN

Willkommen zur Eröffnung von Kapitel 7, in dem sich die Reise in die Essenz der KI-Konversation entfaltet. Hier wird die subtile, aber wichtige Rolle des Kontexts unter die Lupe genommen und zeigt, wie selbst kleinste Nuancen den gesamten Verlauf der Interaktion mit künstlicher Intelligenz verändern können. Die vorliegende Aufgabe besteht nicht darin, sich durch ein Labyrinth obskurer Begriffe zu navigieren, sondern die Bedeutung des Kontexts in einer klaren, alltäglichen Sprache zu enthüllen – ein Dialog, der so natürlich ist wie ein Morgengruß.

In diesem Bereich wird jede Komponente der Kommunikation offengelegt und gezeigt, wie sich der Kontext wie Fäden in einem Wandteppich in das Gefüge des KI-Verständnisses einfügt. Das Verständnis dieser Threads verspricht, die eigenen Fähigkeiten bei der Orchestrierung von KI-Antworten zu erweitern und sicherzustellen, dass jede erstellte Eingabeaufforderung so intuitiv ist wie die Verwendung eines abgenutzten Tools.

In der KI-Kommunikation ist der Kontext das Prisma, durch das die Bedeutung sowohl gefiltert als auch definiert wird. Es ist so, als würde man in eine neue Sprache eintauchen, in der ein isoliert gesammelter Satz wenig Aussagekraft hat, aber wenn er in den Fluss des Kontexts eingetaucht wird, erblüht er mit Bedeutung. In diesem Kapitel werden die Kontextebenen – Zeit, Ort, Präzedenzfall – aufgedeckt, um zu zeigen, wie jeder Situationshinweis das Verständnis der KI beeinflusst.

Wörter sind wie Werkzeuge, und mit dem Kontext lernt die KI nicht nur ihre Form, sondern auch ihren Zweck. Ein Gruß am Morgen hat ein anderes Gewicht als derselbe am Abend; In der KI, wie im Leben, ist das Timing alles. Um zu skizzieren, wie der Kontext die Reaktionen der KI prägt, vermeide ich das verwirrende Fachjargon und wähle stattdessen Beschreibungen, die so greifbar sind wie die Objekte auf Ihrem Schreibtisch.

Jeder kontextbezogene Hinweis ist ein Schlüssel, der Türen zu vielfältigen KI-Interpretationen öffnet. Unser Diskurs hier wird die komplizierten Methoden verfolgen, mit denen diese Schlüssel gefälscht werden – wie die KI lernt, welche Türen sie wann und für wen öffnen muss. Es ist eine Erzählung, die Komplexität mit Verständnis verbindet und jede Nuance in Wissen verwandelt, das so umsetzbar und greifbar ist wie das Drehen eines Schlüssels in einem Schloss.

Werfen wir einen tieferen Blick auf das Thema Kontext in der Sprachverarbeitung der KI. Ganz am Anfang müssen KI-Systeme den umgebenden Kontext anhand der gegebenen Phrase erkennen, ähnlich wie ein Detektiv Hinweise am Tatort sammelt. Diese erste Analyse ist von entscheidender Bedeutung, da der Kontext die Grundlage dafür bildet, wie die Phrase interpretiert wird. Wörter wie „Frühstück" haben unterschiedliche Bedeutungen, je nachdem, ob sie um 7 Uhr oder um 20 Uhr erwähnt werden, und es ist die Aufgabe der KI, dies zu entwirren.

So bettet KI den Kontext in seinen Interpretationsprozess ein:

- **Kontextidentifikation** :

- KI untersucht Hinweise wie Zeitstempel und Benutzerdaten auf Kontext.

- Vorgegebene Parameter helfen der KI, zeitspezifische Bezüge zu verstehen und erhöhen so die Relevanz.

160

- **Integration kontextbezogener Datenpunkte** :

- Algorithmen integrieren diese Datenpunkte in die Entscheidungsmatrix der KI.

- Der Standort des Benutzers informiert über regionalspezifische Sprachmodelle, die die Bedeutung bestimmter Phrasen ändern können.

- **Maschinelles Lernen und Anpassung** :

- Modelle für maschinelles Lernen verarbeiten den Kontext, um eine differenzierte Reaktion zu erstellen.

- Beispielsweise könnte ein „Frühstück" um 20 Uhr die KI dazu veranlassen, kulturelle Essgewohnheiten oder personalisierte Benutzerroutinen zu berücksichtigen und ihre Reaktion entsprechend anzupassen.

Mechanismen und Technologien hinter den Kulissen stellen sicher, dass die KI solche Nuancen erkennt:

- **Verständnis natürlicher Sprache** :

– KI verwendet NLU, um Sprache innerhalb ihres Situationsrahmens zu analysieren. Es geht über die wörtliche Textanalyse hinaus und bezieht vergangene Interaktionen des Benutzers mit ein.

- **Stimmungsanalyse** :

- Die KI bewertet die Stimmung und nutzt sie als Barometer für den Kontext. Wörter wie „hungrig" oder „Verlangen" liefern emotionale Hinweise, die die Reaktionsgenerierung beeinflussen.

Werfen Sie einen Blick auf die Schichten der KI-Reaktionsgenerierung, während Sie die Funktionen eines neuen Smartphones analysieren. In dieser Untersuchung wird untersucht, wie Kontextebenen – Zeit, Benutzerverlauf, Umgebung – Reaktionen prägen. Eine einfache Erklärung besagt, dass die KI Tageszeitdaten analysiert, um maßgeschneiderte Antworten zu erhalten, ähnlich wie ein Telefon den Modus von Tag auf Nacht umschaltet.

- **Zeitkontext** : So wie sich die Bildschirmhelligkeit des Telefons an das Umgebungslicht anpasst, verwendet die KI Zeitstempel, um entsprechende Antworten bereitzustellen und je nach Uhr mit „Guten Morgen" oder „Guten Abend" zu grüßen.

- **Benutzerverlauf** : Da ein Telefon aus häufigen Standorten oder Vorlieben lernt, durchsucht die KI vergangene Interaktionen und entscheidet, ob eine Restaurantempfehlung gehoben oder zwanglos sein sollte.

- **Umweltfaktoren** : Standortdaten in Telefonen können Wetteraktualisierungen oder Verkehrsmeldungen auslösen; In ähnlicher Weise nutzt KI den Standortkontext, um Antworten auf Echtzeitereignisse oder Anfragen in der Nähe zu geben.

Jeder Teil ist klar detailliert, Fachjargon wird zugunsten einer einfachen Sprache vermieden. Stellen Sie sich einen Benutzer vor, der fragt: „Gibt es heute Abend ein Spiel?" Die KI berücksichtigt die Sportsaison, Benutzerpräferenzen und aktuelle Ereignisse, um eine korrekte Antwort zu erhalten. Diese

Erzählung fügt die anspruchsvollen Elemente der KI-Operationen zu einem Bild zusammen, das den alltäglichen technischen Gebrauch des Lesers widerspiegelt. Durch die Darstellung abstrakter KI-Konzepte, die so klar und vernetzt sind wie die Funktionen eines Smartphones, ist die Erklärung aufschlussreich und bereitet einen darauf vor, diese Erkenntnisse anzuwenden, um effektiv mit KI zu kommunizieren – und dabei über bloßes Wissen hinauszugehen, um ein Maß an Befähigung und Engagement zu erreichen.

Werfen wir einen genaueren Blick auf das Thema, wie KI kontextbezogene Hinweise nutzt, um ihre Antworten zu formulieren. Die Feinheiten dieses Prozesses beginnen damit, dass die KI Muster aus zeitbezogenen Daten entschlüsselt, ähnlich wie ein Smartphone seine Helligkeit an den Wechsel von Tag zu Nacht anpasst. Es vergleicht die Nachricht des Benutzers mit der Uhr und passt seine Sprache an die Tageszeit an – ein „Guten Morgen" oder ein „Guten Abend".

Als nächstes synthetisiert die KI die Benutzerhistorie und stützt sich dabei auf vergangene Interaktionen, um zukünftige Antworten zu personalisieren – vergleichbar mit einem Smartphone, das Apps basierend auf dem, was der Benutzer häufig nutzt, vorschlägt. Wenn jemand beispielsweise häufig nach Sportergebnissen fragt, lernt die KI, Sportaktualisierungen in ihren Antworten zu priorisieren.

KI berücksichtigt auch Umweltfaktoren, ähnlich wie ein Smartphone Standortdienste nutzt, um Wetteraktualisierungen oder Verkehrsbedingungen bereitzustellen. Angenommen, ein Benutzer fragt nach dem „heutigen Regen". KI berücksichtigt den aktuellen Standort des Benutzers, um einen genauen Wetterbericht zu liefern.

Wenn Abfragen mit mehreren Kontexten einhergehen – von Uhrzeit und Datum bis hin zu Standortangaben und der persönlichen Benutzerhistorie –, steht die KI vor einer komplexen Entscheidungsmatrix. Wie ein Smartphone mehrere Sensoren und Eingaben ausbalanciert, um Aufgaben auszuführen, wägt die KI alle Kontextebenen ab, priorisiert und entscheidet, welche Daten die Reaktion am stärksten beeinflussen.

Stellen Sie sich KI als erfahrenen Reiseführer eines großen Museums vor, in dem jedes Artefakt und jede Ausstellung eine Geschichte bietet und der Kontext der Schlüssel zum Verständnis ist. So wie ein Reiseführer Geschichte und Anekdoten verwendet, um die Bedeutung jedes Stücks zu beleuchten, greift die KI auf den in jeder Aufforderung eingebetteten Kontext zurück. KI beurteilt die Umgebung, die Geschichte und den Zeitpunkt und erarbeitet Antworten mit der gleichen Nuance, die ein Reiseführer Geschichten für sein Publikum auswählt.

Jedes Datenfragment – ein Wort, eine Pause, eine Referenz – dient als historischer Hinweis für die KI. Wie jeder erfahrene Führer, der sich mit Leichtigkeit durch die Korridore des Wissens bewegt, nutzt die KI dieses Kontextbewusstsein, um Bedürfnisse vorherzusagen, Fragen zu antizipieren und Lösungen bereitzustellen. Für KI könnte die beiläufige Erwähnung von „Kaffee" um 6 Uhr morgens eine Morgenroutine signalisieren, während es um Mitternacht darauf hindeuten könnte, dass eine lange Nacht bevorsteht.

Die Eleganz der KI-Fähigkeit, Kontexte zu nutzen, gleicht dem geschickten Gespür eines Führers, der Geschichte zum Leben erweckt und einen alltäglichen Museumsbesuch in eine unvergessliche Reise verwandelt. Dieses Verständnis ermöglicht es der KI, über ihre rechnerischen Wurzeln hinauszugehen und mit Benutzern in einen Dialog zu treten, der so dynamisch nuanciert ist wie die Entscheidungen in der realen Welt, die wir täglich treffen. Und in dieser Erzählung liegt der Schwerpunkt darauf, die Komplexität der KI auf eine Art und Weise zu beleuchten, die einbezieht, aufklärt und befähigt, indem wir die Technologie als Begleiter in unserem täglichen Dialog betrachten.

Hier ist die Aufschlüsselung, wie KI Kontextinformationen in Eingabeaufforderungen verarbeitet:

- **Extraktion kontextueller Hinweise** :

- Identifiziert Variablen wie Zeit, Benutzergewohnheiten und Umgebungseinstellungen anhand der Eingabeaufforderung.

- Zeitkontext: KI untersucht zeitbezogene Schlüsselwörter oder Ausdrücke wie „Morgen" oder bestimmte Zeiten und korreliert sie mit der entsprechenden Antwort.

- Benutzerpräferenzen: KI analysiert frühere Anfragen und Antworten, um Benutzerpräferenzen zu ermitteln, z. B. eine bevorzugte Kaffeesorte oder Brühmethode.

- **Hierarchie der Verarbeitung** :

- Empfang und erste Analyse der Eingabe auf wichtige Kontextsignale.

- Syntaktische Analyse zur Strukturierung des Befehls innerhalb verstandener grammatikalischer Rahmen.

- Semantisches Verständnis, um die tiefere Bedeutung und Absicht hinter Benutzeraufforderungen zu ermitteln.

- **Rolle von Algorithmen** :

- Kontextanalyse-Algorithmen: Bestimmen Sie die Relevanz des identifizierten Kontexts.

- Absichtsdeduktionsmodelle: Ermitteln Sie den Zweck hinter der Eingabeaufforderung und passen Sie ihn an den Umgebungskontext an.

Zum Beispiel:

Python

```
def deduce_intent(prompt, user_profile, current_time):

context = define_context(prompt, current_time)

user_history =analys_user_preferences(user_profile)

intent = infer_intent(prompt, context, user_history)

Rückgabeabsicht
```

- **Interpretation verschiedener Szenarien** :

- KI bewertet den Begriff „Kaffee" basierend darauf, wann er erwähnt wird. Wenn am Morgen die KI den Brauvorgang einleiten kann; Wenn es spät in der Nacht ist, könnte das ein Hinweis auf die Vorbereitung auf den nächsten Tag sein.

- Die KI nutzt zeitbasierte Algorithmen, um zwischen unmittelbaren und zukünftigen Aktionen zu unterscheiden.

- **Analyse des Benutzerverhaltens** :

- Überprüft historische Interaktionen, um Muster zu erkennen, z. B. bevorzugte Zeiten für Aufforderungen zum Thema Kaffee.

Das Einbetten kontextbezogener Informationen in KI-Eingabeaufforderungen ähnelt dem Erstellen einer Geschichte mit einem Anfang, einer Mitte und einem Ende, die den Leser auf natürliche Weise zu einem klaren Schluss führt. Beginnen Sie damit, die wesentlichen Details festzulegen, die die Szene bestimmen – Zeit, Ort, Personalisierung. Beschwören Sie bei der Strukturierung Ihrer Aufforderung den Kontext herauf, als würden Sie Charaktere und Schauplätze in einer Erzählung vorstellen, und achten Sie darauf, dass jeder Teil mit durchdachter Absicht platziert wird.

Einfach ausgedrückt: Erstellen Sie Ihre Eingabeaufforderungen so, als würden Sie ein Puzzle zusammensetzen. Jedes Stück – ein Wort oder eine Phrase – wird nicht nur aufgrund seiner Form ausgewählt, sondern auch danach, wie es in das Gesamtbild passt. Geben Sie an, welche kontextspezifischen Wörter die KI-Verarbeitung beeinflussen,

167

ähnlich wie bei der Verwendung spezifischer Beschreibungen, die einem Leser helfen, eine Szene zu visualisieren. „Buchen Sie ein Taxi für meinen Morgenflug" ist beispielsweise informativer als nur „Buchen Sie ein Taxi" und liefert der KI das „Wann" und „Warum", was der narrativen Tiefe ähnelt.

In Bezug auf die Funktionalität ermöglichen diese umfangreichen Details der KI, im gegenwärtigen Moment Ihrer Welt zu agieren und ihre Reaktionen relevant und präzise anzupassen. Es ist ein Balanceakt, die Anweisungen an die Fähigkeiten der KI anzupassen und gleichzeitig die Realität des Benutzers genau widerzuspiegeln. Mit dieser Methode sind Sie, ähnlich wie ein erfahrener Autor, in der Lage, robuste, detaillierte und eindeutige Skripte an die KI zu liefern und Antworten zu erhalten, die genau den aktuellen Anforderungen entsprechen.

Wenn die KI mit einer Eingabeaufforderung voller Kontext wie „Buchen Sie ein Taxi für meinen Morgenflug" konfrontiert wird, beginnt sie mit einer aufwändigen Parsing-Mission. Diese Mission ist in der Tokenisierung verankert – sie segmentiert die Eingabeaufforderung in überschaubare Teile, ähnlich wie die Indexierung der Zutaten vor Beginn eines Rezepts.

- **Tokenisierung** :

- KI unterscheidet „Buch", „Taxi", „Morgen" und „Flug" als separate Token und zerlegt den Satz, um seine Elemente zu verstehen.

- Token werden auf ihre Natur hin analysiert (Verben, Substantive, Adjektive), um das Grundgerüst der Eingabeaufforderung zu entwerfen.

- **Syntaktische Analyse** :

- Syntaktische Parsing-Techniken werden von der KI eingesetzt, um diese Token zusammenzusetzen, um die Satzstruktur abzubilden.

- Die Struktur bringt einen syntaktischen Baum hervor, der „Buch" als Aktion, „Taxi" als Objekt und „Morgenflug" als qualifizierenden Umstand positioniert.

- **<u>Semantische Analyse</u>** :

- Um tiefer einzutauchen, nutzt die KI semantische Algorithmen, um die Bedeutung hinter jedem Segment herauszufinden.

- Es geht davon aus, dass ein „Morgenflug" Dringlichkeit erfordert, und wendet zeitliches Verständnis an, um den Taxidienst entsprechend zu planen.

- **<u>Maschinelles Lernen für den Kontext</u>** :

- Algorithmen für maschinelles Lernen analysieren frühere Benutzereingaben und Modellanpassungen, um die Absicht hinter ähnlichen Anfragen vorherzusagen.

- Personalisierung kommt ins Spiel; Die KI erinnert sich an frühere Buchungen und gestaltet eine Reaktion, die mit den bekannten Benutzergewohnheiten übereinstimmt.

Bei der Erläuterung dieser Schritte ist die Sprache klar und zielgerichtet und reduziert komplexe Beschreibungen auf ihren Kernzweck. Jeder Aspekt ist systematisch dargestellt, sodass klare Erkenntnisse entstehen. Der Prozess, von der Identifizierung von Schlüsselwörtern bis zur Generierung einer passenden Antwort, macht die KI von einem einfachen Aufgabenersteller zu einem dynamischen Teilnehmer am alltäglichen Auf und Ab der Anforderungen des Lebens.

Navigieren Sie durch die Feinheiten der Kontextualisierung in der KI, ähnlich dem Verfolgen eines Pfades durch einen labyrinthischen Garten. Fehltritte sind leicht; Ein falsches Wort oder das Übersehen einer Nuance kann die KI auf den falschen Weg führen, genauso wie eine falsche Abzweigung einen Wanderer in ein Dickicht statt auf die gewünschte Lichtung schicken kann. Diese häufigen Herausforderungen – das Übersehen des Einflusses der Kultur auf den Sprachgebrauch oder die Nichtberücksichtigung der subtilen Bedeutungsänderungen mit Variationen in der Syntax – können die KI in Verwirrung verwickeln, ähnlich wie undeutliche Beschilderung die Navigation vereiteln kann.

Die Lösung liegt in Klarheit und Spezifität; Das Aufstellen von Laternen mit klaren Absichtsmarkierungen lenkt das Verständnis der KI ebenso sicher wie eindeutige Schilder den Reisenden. Es geht um Kalibrierung – ein Begriff hier, ein Qualifikationsmerkmal dort –, um den Weg der KI durch das enorme Terrain des menschlichen Ausdrucks zu verfeinern.

Dieses Gespräch findet bei einem gemeinsamen Kaffee statt und ist im Ton der Kameradschaft und nicht der Belehrung angesiedelt. Es ist eine Geschichte über persönlich gemachte Technologie, in der die kollektive Reise in die KI zu einer Reihe individueller Entdeckungen wird, die durch ihre Einfachheit überzeugen und tiefgreifende Auswirkungen auf die digitale Welt haben. Jede Analogie wird gewählt, um zu beleuchten, jede Erklärung, um zu entmystifizieren.

Werfen wir einen tieferen Blick auf das Thema Kontext innerhalb der KI-Sprachverarbeitung mit der gleichen Klarheit, die man bei der Kartierung einer Route durch unbekannte Straßen verwenden würde. KI nutzt, ähnlich wie ein Entdecker, einen Kompass aus Rechenalgorithmen, um durch die komplizierten Nuancen der menschlichen Sprache zu navigieren. Es beginnt mit dem Erkennen von Feinheiten – einer kulturellen Redewendung oder einer umgangssprachlichen Phrase – und passt seinen Kurs an, um einen genauen Verlauf beizubehalten.

- **Erkennung von Nuancen** :

    - KI identifiziert zunächst Schlüsselphrasen und Begriffe, die auf kulturelle oder situative Kontexte hinweisen können.

    - Anschließend vergleicht es diese mit einer Datenbank, ähnlich wie ein Reisender, der einen Reiseführer zu Rate zieht, um die örtlichen Gepflogenheiten zu verstehen.

- **Anpassung an den Kontext** :

    - Sobald die KI diese Nuancen erkennt, passt sie ihr Reaktionsgerüst an, um es an den relevanten Kontext anzupassen.

    - Algorithmen wägen die identifizierten Phrasen mit aktuellen Situationsdaten ab, so wie ein erfahrener Reisender seine Pläne an das Wetter oder lokale Ereignisse anpassen würde.

- **Algorithmische Navigation** :

    - Fortschrittliche NLP-Algorithmen analysieren die

Satzstruktur, um die beabsichtigte Bedeutung zu extrahieren.

- Modelle des maschinellen Lernens versorgen die KI mit der Geschichte vergangener Interaktionen und tragen so zu einem tieferen Verständnis benutzerspezifischer Kontexte bei.

Wenn wir das Kapitel über kontextbezogene Überlegungen in der KI abschließen, kristallisieren sich die Erkenntnisse zu einer einzigen, kohärenten Erkenntnis heraus: Eine gut ausgearbeitete KI-Eingabeaufforderung, reich an Kontext, ist wie eine umfassende Roadmap. Dadurch bleibt die KI auf das Terrain menschlicher Absichten eingestellt und stellt sicher, dass die Antworten genauso genau und hilfreich sind wie die Abbiegehinweise von einem vertrauenswürdigen GPS.

Vereinfacht gesagt stattet der Kontext die KI mit den Nuancen aus, die ihren Weg leiten – jedes Eingabeaufforderungsdetail ist ein Wegweiser; jede Beugung, ein Stichwort. Wie Markierungen auf der Karte eines Reisenden erhöhen diese Hinweise die Relevanz und Präzision der Reise der KI durch Sprachverarbeitung.

TESTEN UND ITERIEREN VON EINGABEAUFFORDERUNGEN

Willkommen am Einstieg in Kapitel 8, wo sich vor Ihnen die Handwerkskunst des KI-Promptdesigns entfaltet. Nehmen Sie an einem Workshop teil, in dem jedes Werkzeug und jede Technik erläutert wird, um Ihren Umgang mit KI zu verbessern. Dies ist kein Labyrinth aus Fachjargon; Es ist ein klarer Weg, der mit praktischen Strategien und Erkenntnissen gepflastert ist und darauf wartet, erkundet zu werden.

Entdecken Sie auf den folgenden Seiten, wie eine sorgfältig konstruierte Aufforderung, ähnlich wie eine gut erzählte Geschichte, Aufmerksamkeit erregen und genau die Reaktion hervorrufen kann, die Sie suchen. Jede Komponente – von der Wortwahl bis zum Satzrhythmus – spielt eine Rolle in der größeren Symphonie des Dialogs.

Hier werden Sie feststellen, dass effektive Kommunikation mit KI ein Handwerk ist, das es zu verfeinern gilt, eine Mischung aus Kunst und Wissenschaft, die mit der Praxis immer reicher wird. Die geteilten Erkenntnisse sind für den Neuling, der seine ersten Schritte unternimmt, ebenso relevant wie für den erfahrenen Navigator, der neue Kurse festlegt. Lassen Sie uns diese Themen also auf Augenhöhe angehen, auf einer Entdeckungsreise, die verspricht, die komplexe Welt der KI-Aufforderungen zu einem Thema zu machen, das so angenehm und vertraut ist wie Ihr Lieblingsgespräch.

Die Verfeinerung von KI-Eingaben ist ein Prozess kunstvoller Präzision, der an einen Künstler erinnert, der jeden Pinselstrich mit kritischem Blick überprüft. So wie der Künstler das Zusammenspiel von Licht und Schatten oder die Harmonie der Farben bewertet, muss man auch die für eine Aufforderung gewählten Worte beurteilen – ihre Klarheit, ihre Wirkung und wie sie ineinandergreifen, um einen Gedanken oder Befehl präzise auszudrücken.

Diese Verfeinerung erfolgt in Schritten: Zunächst werden die Grundzüge des beabsichtigten Befehls festgelegt und dann wird neu bewertet, neu bewertet und neu definiert – Überschüsse werden abgeschnitten, Kanten werden geschärft und die Bedeutung wird vertieft. Hier könnte ein Wort angepasst, dort eine Phrase vereinfacht werden, alles in der Absicht, eine Aufforderung zu erhalten, die so prägnant und direkt ist wie ein gut komponiertes Bild.

Im Kern geht es bei diesem Prozess darum zu verstehen, wie KI Sprache „sieht". Stellen Sie sich einen Wandteppich vor – die Farbe, die Textur und die Platzierung jedes Fadens spielen eine Rolle. Bei KI-Eingabeaufforderungen kommt es auf die Nuance, Platzierung und Kontextrelevanz jedes Wortes an. Es handelt sich um einen Feinabstimmungsdialog, bei dem das Feedback Aufschluss darüber gibt, welche Elemente miteinander verschmelzen, um für die „Augen" der KI das klarste Bild zu ergeben.

Durch die Aufschlüsselung jeder Komponente der prompten Konstruktion, ohne sie in esoterische Sprache zu hüllen, entfaltet sich die Diskussion auf natürliche Weise. Jedes Element wird aufgrund seiner Funktion und Bedeutung hervorgehoben, ähnlich wie ein Führer, der Sie durch die komplizierten Merkmale eines bedeutungsvollen Gemäldes führt. Dabei kommt die Raffinesse des AI-Prompt-Designs deutlich zum Vorschein und regt den Intellekt und die Neugier des Lesers gleichermaßen an. Der Ton bleibt gesprächig, das Fachwissen zugänglich und stellt sicher, dass diese Erkenntnisse über KI nicht nur verstanden, sondern gelebt und angewendet werden.

Die Verfeinerung von KI-Eingabeaufforderungen ist ein sorgfältiger Prozess, ähnlich dem Bau einer Maschine, bei der jede Komponente präzise platziert und kontinuierlich angepasst werden muss, um die Gesamtfunktion zu verbessern. Zunächst werden Eingabeaufforderungen mit einer klaren Zielsetzung erstellt, ähnlich wie beim Entwurf des Bauplans für ein neues Gerät.

- **Ersterstellung** :

- Entwickler entwerfen Eingabeaufforderungen unter Berücksichtigung wichtiger sprachlicher Elemente wie Befehlsverben und Objektnomen, die auf die Funktion der KI zugeschnitten sind – sei es ein Chatbot oder ein digitaler Assistent.

- Die verwendete Sprache wird sorgfältig ausgewählt, um den Fähigkeiten des KI-Systems und den beabsichtigten Benutzerinteraktionen zu entsprechen.

- **Verarbeitung sprachlicher Elemente** :

- Chatbots verarbeiten Benutzereingaben, indem sie Phrasen in Token zerlegen und diese auf Absicht und Inhaltsrelevanz hin analysieren.

– Digitale Assistenten verfügen oft über mehr Kontextdaten, mit denen sie arbeiten können, was eine komplexe Satzanalyse und die Extraktion differenzierter Informationen ermöglicht.

- **Systematische Verbesserung basierend auf Feedback** :

- Feedbackschleifen helfen dabei, erfolgreiche Sofortreaktionen und Bereiche zu identifizieren, die einer Verfeinerung bedürfen.

- Anpassungen werden iterativ vorgenommen, um die Klarheit und Genauigkeit der Eingabeaufforderungen zu verbessern.

Betrachten Sie den folgenden Pseudocode, der diesen Feedback-Mechanismus demonstriert:

Python

```
Feedback                                              =
get_feedback_on_prompt(Eingabeaufforderung)

if feedback.indicates_misunderstanding():

prompt =adjust_prompt_for_clarity(prompt)

model.update_lingual_model(prompt)
```

- **Iterative Verfeinerung** :

– Mit jeder Iteration werden Sprachmodelle besser auf Benutzereingaben und erwartete Antworten abgestimmt.

- Entwickler analysieren Gesprächsprotokolle und Benutzerfeedback, um Muster zu erkennen, ähnlich wie wenn man einem Kind durch wiederholtes Verwenden und Korrigieren neue Wörter beibringt.

- **Parallelen zur realen Welt** :

- So wie ein Smartphone aus dem Tippverhalten lernt, Text vorherzusagen, lernt die KI aus Interaktionsmustern, um Eingabeaufforderungen effektiver zu antizipieren und darauf zu reagieren.

Bei der Darstellung dieser Reise der schnellen Verfeinerung bleibt die Sprache einfach und verzichtet auf Fachjargon, um ein lebendiges Bild des KI-Entwicklungsprozesses zu zeichnen. Man kann sich leicht vorstellen, dass jede Anpassung einer Eingabeaufforderung dem Feinabstimmen einer Uhr gleicht, um die genaue Zeit anzuzeigen. Die Erzählung entfaltet sich logisch und stellt sicher, dass diese Einblicke in die Sprachverarbeitung der KI unabhängig vom Hintergrund nicht nur verstanden, sondern auch gefühlt und integriert werden, was die transformative Kraft der Technologie unterstreicht, wenn sie von durchdachtem Design geleitet wird.

Betrachten Sie Feedback in der KI-Entwicklung als den engen Verwandten des redaktionellen Prozesses beim Schreiben. So wie erfahrene Autoren ihre Prosa verfeinern, das Überflüssige wegschneiden und das Wirkungsvolle verfeinern, prüfen KI-Ingenieure Eingabeaufforderungen und orientieren sich dabei an Benutzerreaktionen, um das Verständnis der KI zu schärfen. Feedback ist im Grunde der rote Stift im KI-Entwurf und markiert sowohl klare als auch unklare Bereiche.

Bei jedem Feedback handelt es sich um eine Beobachtung, eine Notiz am Rand, die angibt, wo die Formulierung der Aufforderungen mit den Absichten des Benutzers übereinstimmt oder von diesen abweicht. Es löst eine Neubewertung aus, eine sorgfältige Analyse, die an einen Autor erinnert, der einen Satz noch einmal durchdenkt, um sicherzustellen, dass die Erzählung logisch verläuft und die Bedeutung unverkennbar zum Ausdruck kommt.

Der Prozess beinhaltet, störende Sprache im Dialog der KI zu identifizieren – die umständliche Syntax oder den verwirrenden Jargon – und sie in Klarheit zu überarbeiten. Dies geschieht mit Präzision, indem komplizierte Anregungen in grundlegende Gedanken zerlegt und in starke, kohärente Anweisungen umgewandelt werden.

Solch eine sorgfältige Analyse des Feedbacks ermöglicht es der KI, sich weiterzuentwickeln, ähnlich wie ein Autor, der aus mehreren Überarbeitungsrunden mit einer ausgefeilten endgültigen Kopie hervorgeht. Die Präzision dieser Entwicklung wird deutlich; Jedes geänderte Wort oder jede geänderte Phrase stärkt die Fähigkeit der KI, mit Finesse zu interagieren. Dieser vom Branchenjargon befreite Diskurs soll offenlegen, wie jede Nuance des Feedbacks die sprachlichen Fähigkeiten der KI steigert und der Technologie ein Verständnis verleiht, das unsere natürlichen Sprachmuster widerspiegelt. Dadurch wird das Rätsel der KI-Kommunikation klar und verständlich und verortet sich im alltäglichen Lernen und Wachstum, das jedem Wissenschaftler oder Fachmann vertraut ist.

Werfen wir einen tieferen Blick auf das Thema Benutzerfeedback und seine zentrale Rolle bei der Gestaltung der Entwicklung von KI-Eingabeaufforderungen. Der Weg zur Verfeinerung dieser Eingabeaufforderungen ist ein zyklischer Prozess, bei dem KI-Systeme jede Benutzerinteraktion verinnerlichen, ähnlich wie Schüler, die aus Erfahrungen in der realen Welt lernen.

- **Erste Feedback-Verarbeitung** :

- KI untersucht die Abweichung zwischen dem, was der Benutzer seiner Meinung nach wollte, und der tatsächlich beabsichtigten Bedeutung des Benutzers, so wie ein Autor die Notizen eines Herausgebers überprüft.

- Es identifiziert Abweichungen und konzentriert sich auf Wörter oder Phrasen, die möglicherweise zu Fehlinterpretationen geführt haben.

- **Verfeinerung des Algorithmus** :

- Basierend auf dem gesammelten Feedback optimieren KI-Entwickler die zugrunde liegenden Algorithmen, ähnlich wie bei der Aktualisierung von Software, um bekannte Probleme zu beheben.

– Änderungen zielen darauf ab, das Verständnis der KI zu verbessern – sprachliche Falten zu glätten und mehrdeutige Formulierungen zu klären.

- **Funktionalität des Sprachmodells** :

– Anpassungen am Sprachmodell der KI verändern die Art und Weise, wie sie Sprachkonstrukte dekodiert und zusammensetzt, ähnlich wie die Bearbeitung die Syntax und den Fluss eines geschriebenen Stücks überarbeitet.

– Dies könnte eine Erweiterung des KI-Lexikons oder eine Neudefinition syntaktischer Regeln für eine verbesserte Interaktion beinhalten.

- **Lexikon- und Syntaxverbesserungen** :

- Der Wortschatz von AI wird systematisch aktualisiert, um sicherzustellen, dass jeder Begriff präzise und zielgerichtet ist.

- Syntaxverbesserungen ermöglichen es der KI, komplexe Satzstrukturen mit verbesserter Genauigkeit besser zu erfassen und zu organisieren.

Durch klare Erklärungen werden diese technischen Prozesse nachvollziehbar dargelegt. Sobald diese komplizierten Mechanismen enthüllt sind, unterstreichen sie, wie methodische Änderungen im operativen Rahmen der KI ihre Kommunikation verfeinern. Es ist eine detaillierte Darstellung, die zum Verständnis einlädt und Leser aller Erfahrungsstufen dazu ermutigt, die Nuancen von KI-Interaktionen zu schätzen. Das Gespräch bleibt frei von esoterischer Sprache und konzentriert sich stattdessen darauf, die Fortschritte der KI verständlich, nachvollziehbar und wirklich faszinierend zu machen.

Das Testen von KI-Eingabeaufforderungen ist eine heikle Kunst und spiegelt die Präzision und Akribie von Marie Curie in ihren bahnbrechenden Experimenten wider. Es ähnelt der Einrichtung einer Reihe detaillierter Versuche, um Reaktionen zu beobachten, Ergebnisse zu messen und Abweichungen festzustellen. Jede Testprobe ist systematisch: Es werden Hypothesen über die Leistung einer KI-Eingabeaufforderung aufgestellt und dann strengen Tests unterzogen, die einem wissenschaftlichen Experiment auffallend ähneln.

In diesem Sprachlabor wird jede Komponente auf ihre Wirksamkeit untersucht. Die Reaktion einer KI auf eine Aufforderung wird nicht nur beobachtet, sondern analysiert – wie ein Chemiker eine Verbindung analysiert – und verfolgt, wie sich jede Wortwahl auf das Ergebnis auswirkt. Führen die Aufforderungen zum gewünschten Ergebnis? Gibt es unerwartete „Reaktionen"?

Wie Curies sorgfältige Notizen und die strukturierte Methodik wird jede Runde der KI-Tests dokumentiert, die Ergebnisse bewertet und dann die nächste Iteration verfeinert. Dieser empirische Ansatz verändert die Art und Weise, wie KI kommuniziert, und festigt den Platz der Technologie als entscheidendes Werkzeug im Arsenal der modernen Welt, so wie Curies Entdeckungen die moderne Wissenschaft geprägt haben. Das Streben nach Klarheit geht weiter, wobei KI-Ingenieure und -Entwickler die Rolle akribischer Gelehrter übernehmen und sicherstellen, dass jeder Vorstoß das kollektive Verständnis der Konversationsfähigkeiten der KI vertieft.

Hier ist ein tieferer Blick auf die Prozesse, die beim Testen und Verfeinern von KI-Eingabeaufforderungen erforderlich sind:

- **Hypothesenbildung** :

- Definieren Sie klare Ziele für das, was die KI-Eingabeaufforderung erreichen soll, ähnlich der Hypothesenbildung in einer wissenschaftlichen Studie.

- Bewerten Sie potenzielle Benutzerabsichten und erwartete KI-Reaktionen.

- **Strukturierte Studien** :

- Implementieren Sie eine Reihe von Tests für die KI-Eingabeaufforderungen, die die kontrollierten Experimente von Forschern widerspiegeln.

181

- Testphasen: In jeder Phase wird ein anderer Aspekt des Verständnisses und der Reaktionsgenauigkeit der KI getestet.

- Datenaufzeichnung: Wie bei sorgfältigen Labornotizen wird jede Interaktion und jedes Ergebnis zur Analyse aufgezeichnet.

- **Analyse der Ergebnisse** :

- Bewerten Sie die Leistung der KI anhand der erwarteten Antworten.

- Leistungsmetriken: Messen Sie die Genauigkeit, Relevanz und Schnelligkeit von KI-Reaktionen.

- Fehleranalyse: Identifizieren Sie Muster in Fehlern, um bestimmte Verbesserungsbereiche gezielt anzugehen.

- **Eingabeaufforderungen anpassen** :

- Verfeinern Sie KI-Eingabeaufforderungen auf der Grundlage empirischer Erkenntnisse, die während der Versuche gesammelt wurden.

- Wiederholen Sie die Wortwahl, die Phrasenstruktur und die Kontexteinbeziehung.

- **Einbindung von Datenanalysen** :

- Nutzen Sie Datenanalysen, um tiefer in die Nuancen der KI-Eingabeaufforderungsleistung einzutauchen.

- Feedback-Algorithmen: Passen Sie basierend auf der Analyse an, um genauere Antworten bei zukünftigen Interaktionen vorherzusagen.

- **Integration maschinellen Lernens** :

- Wenden Sie Algorithmen für maschinelles Lernen an, um das Sprachmodell der KI weiterzuentwickeln.

- Trainingszyklen: Verbessern Sie das Modell kontinuierlich mit neuen Daten aus verfeinerten Eingabeaufforderungen.

- **Bewertung der Wirksamkeit** :

- Nutzen Sie spezifische Metriken, um Verbesserungen in der KI-Kommunikation zu bewerten.

- Präzision und Erinnerung: Berechnen Sie diese, um zu bestimmen, wie viele richtige Antworten gegeben und erfasst werden.

- Benutzerzufriedenheit: Messen Sie die Wirksamkeit der KI-Interaktion anhand des Benutzerfeedbacks.

Im Bereich der künstlichen Intelligenz kann die Leistungsfähigkeit der Datenanalyse nicht hoch genug eingeschätzt werden, wenn es um die Perfektionierung von KI-

Eingabeaufforderungen geht. Der Prozess ist vergleichbar mit einem Schachgroßmeister, der vergangene Partien sorgfältig durchgeht, um seine Strategie zu verfeinern. So wie der Großmeister jede Bewegung dekonstruiert, mögliche Ergebnisse vorhersieht und sich an die Gegner anpasst, ermöglicht die Datenanalyse den Entwicklern, jede Interaktion zu analysieren, KI-Reaktionsmuster vorherzusagen und sich an das Benutzerverhalten anzupassen.

Die Datenanalyse fungiert als Speicherbank der KI und speichert eine Vielzahl von Interaktionen, die als Lehren dienen. Jeder Dialog trägt zum wachsenden Fachwissen der KI bei und passt ihre Gesprächsantworten mit jeder neuen Information an. Die aus Mustern in den Daten gewonnenen Erkenntnisse ähneln den strategischen Erkenntnissen, die ein Großmeister durch das Studium von Spielaufzeichnungen gewinnt – entscheidend für die Planung von Spielzügen, die sowohl reaktiv als auch proaktiv sind.

Diese systematische Durchsicht der Daten ermittelt, was funktioniert und was stört, und stellt sicher, dass jeder Begriff in einer Eingabeaufforderung zielgerichtet und jede Anweisung klar ist. Mit diesem Ansatz wird der Dialog mit KI immer effektiver und spiegelt ein feines Gleichgewicht zwischen menschlicher Absicht und anspruchsvoller Datenverarbeitung wider.

In klaren Worten wird die Bedeutung der Datenanalyse für das KI-Prompt-Design verdeutlicht und fortschrittliche Konzepte im Lichte alltäglichen strategischen Denkens formuliert. Die Raffinesse der Technologie wird mit einem respektvollen Nicken gewürdigt, auch wenn ihre Komplexität entmystifiziert wird, was den Weg für eine Zukunft ebnet, in der KI-Gespräche so flüssig und nuanciert sind wie die zwischen Champions auf dem Schachbrett.

Werfen wir einen tieferen Blick auf das Thema des

sorgfältigen Prozesses der Datenanalyse und zeitnahen Verfeinerung durch KI. In ihrem Streben nach Gesprächsfinesse brütet die KI, ähnlich wie ein Schachspieler, der vergangene Partien studiert, über jede Interaktion. Es erkennt und kategorisiert erfolgreiche und scheiternde Austausche gleichermaßen.

- **Datenaufnahme und Mustererkennung** :

- Zunächst absorbiert die KI riesige Datenmengen und zeichnet gemeinsame Dialogpfade auf, so wie ein Schachspieler wiederkehrende Eröffnungen und Verteidigungen notiert.

- Durch Mustererkennung lokalisiert die KI wiederkehrende Phrasen, die positive Benutzerreaktionen hervorrufen, ähnlich wie ein Schachspieler eine Gewinnstrategie erkennt.

- **Prädiktive Analysen** :

- Mithilfe historischer Daten sagt die KI voraus, welche Eingabeaufforderungen wahrscheinlich die genauesten Benutzerreaktionen hervorrufen.

– So wie ein Schachspieler die möglichen Züge seines Gegners einschätzt, antizipiert die KI die Reaktionen des Benutzers, um ihren Kommunikationsansatz zu verfeinern.

- **Adaptive Antwortgenerierung** :

- Die KI passt ihre Reaktionen basierend auf früheren Interaktionen an, ähnlich wie ein Schachgroßmeister, der seinen Spielstil ändert, um der Taktik eines vertrauten Gegners entgegenzuwirken.

- Wenn ein Chatbot beispielsweise bemerkt, dass Benutzer häufig nach „Nachrichten von heute" fragen, lernt er, nachrichtenbezogene Antworten zu priorisieren und zu optimieren.

Diese Schritte verkörpern die Brücke, die zwischen der komplizierten Programmierung der KI und den realen Anwendungen, denen sie dient, geschlagen wird, wie der Großmeister, der bewährte Strategien neben innovativen Taktiken im Spiel einsetzt.

Heuristische Techniken im KI-Prompt-Design ähneln den Instinkten eines Pioniers wie Steve Jobs, der technologische Wunderwerke gestaltet. Diese Techniken erfordern die Nutzung des intuitiven Verständnisses dafür, wie Eingabeaufforderungen wahrscheinlich von der KI interpretiert werden, ähnlich wie Jobs vorhersah, welche Benutzererfahrung seine Produkte bieten sollten.

In der Praxis bedeutet der Einsatz von Heuristiken die Anwendung von Faustregeln zur Bewertung von Eingabeaufforderungen – einfache, aber wirksame Wahrheiten, die aus der Erfahrung stammen. Es beginnt mit der Klarheit der Anweisungen, berücksichtigt die Perspektive des Benutzers, um jeglichen Raum für Fehlinterpretationen auszuschließen, und passt sich der Einfachheit an, indem Fachjargon entfernt wird, der die KI zum Stolpern bringen könnte.

Diese Methode ist iterativ und umfasst einen Zyklus aus Versuchen, Bewertung und Verfeinerung. Heuristiken sorgen dafür, dass das Design benutzerzentriert ist und stellen sicher, dass KI-Eingabeaufforderungen nicht nur funktional sind, sondern auch auf menschlicher Ebene Anklang finden. Der Prozess ist sorgfältig und kontinuierlich und basiert auf der

Erkenntnis, dass die Entwicklung der KI-Kommunikation ebenso wie Jobs' Streben nach Innovation niemals stillsteht.

Diese Heuristiken werden mit der Präzision einer Sprache entworfen, die eher informieren als einschüchtern soll und die Schnittstelle zwischen künstlicher Intelligenz und echter menschlicher Intuition verdeutlicht. Die durchgeführte Erzählung ist methodisch und dennoch fesselnd und verwandelt die Kunst der KI-Eingabeaufforderungen in eine Reise der Entdeckung und Meisterschaft, die auf Errungenschaften in der realen Welt basiert und für jeden zugänglich ist, der zum Lernen motiviert ist.

Die Anwendung heuristischer Techniken auf das KI-Prompt-Engineering beginnt mit der Übernahme von Prinzipien, die die Klarheit und den benutzerorientierten Fokus widerspiegeln, die in der Arbeit von Innovatoren wie Steve Jobs zu finden sind. So implementieren Sie diese Prinzipien im AI-Prompt-Design:

- **Einfachheit**:

- Achten Sie bei Ihren Eingabeaufforderungen auf Kürze und Unkompliziertheit, um die KI nicht mit unnötiger Komplexität zu überfordern.

- Identifizieren Sie die wichtigsten Ziele für jede Eingabeaufforderung.

- Entfernen Sie jede überflüssige oder mehrdeutige Sprache.

Pseudo-

prompt = „Besprechung vereinbaren"

wenn enthält_ambiguous_Sprache(Eingabeaufforderung):

prompt = verfeinern_for_clarity(prompt)

- **<u>Benutzerperspektive</u>** :

- Gestalten Sie jede Eingabeaufforderung, indem Sie sich in die Lage des Benutzers versetzen und sicherstellen, dass die Reaktion der KI seinen Erwartungen entspricht.

- Sammeln Sie häufige Benutzeranfragen und -anliegen.

- Passen Sie Eingabeaufforderungen an, um diese spezifischen Benutzeranforderungen zu erfüllen.

Pseudo-

user_query = „Wie ist das Wetter heute?"

ai_prompt = Tailor_to_user(Abfrage)

- **Iteratives Testen** :

- Testaufforderungen durch Zyklen, Bewerten und Verfeinern, so wie ein Handwerker ein Holzstück schleifen und polieren würde.

- Stellen Sie Eingabeaufforderungen in einer kontrollierten Umgebung bereit.

- Analysieren Sie KI-Antworten und Benutzerfeedback, um umgehend Anpassungen vorzunehmen.

Pseudo-

```
test_results = test_prompt(Eingabeaufforderung)
```

```
while not test_results['success']:
```

```
prompt
=adjust_based_on_feedback(test_results['feedback'])
```

```
test_results = test_prompt(Eingabeaufforderung)
```

Die Umsetzung dieser Schritte ähnelt der Gestaltung einer Technologie, die sich elegant in die tägliche Routine eines

189

Benutzers einfügt. Es geht darum, eine Sprache zu gestalten, die nahtlos mit KI-Protokollen interagiert. Der Leitfaden ist so konzipiert, dass er leicht zugänglich ist, klare Erklärungen bietet, frei von der dichten Fachsprache, und sicherstellt, dass der Prozess der Verfeinerung der KI-Kommunikation so transparent und ansprechend ist wie das Teilen einer faszinierenden Fallstudie bei einem Kaffee.

Stellen Sie sich vor, die Feinabstimmung einer KI-Eingabe wäre so, als würde man ein erstklassiges Rezept für ein gefeiertes Abendessen ausarbeiten. So wie Köche hier eine Prise Salz oder dort einen Zweig Rosmarin hinzufügen, um einem Gericht kulinarische Perfektion zu verleihen, fügen Entwickler auf ähnliche Weise Präzision und Kontext in KI-Eingabeaufforderungen ein, um die Konversationspalette der Technologie zu verfeinern. Durch Optimierung der Sprache, ähnlich wie bei der Anpassung von Zutaten, stellt man sicher, dass jede Aufforderung geschmackvoll genug ist, um die richtige Reaktion der KI – des digitalen Sous-Chefs – hervorzurufen.

Stellen Sie sich einen persönlichen KI-Assistenten vor, der einem zuverlässigen Toolkit ähnelt und an Ihrer Seite steht. Es dient dazu, tägliche Aufgaben zu organisieren, aber die Anweisungen müssen klar sein, genauso wie Anweisungen für einen unerfahrenen Heimwerker direkt und frei von Mehrdeutigkeiten sein müssen. Ein Befehl wie „KI, vereinbaren Sie unter Berücksichtigung der Wettervorhersage einen Autowaschtermin für meine blaue Limousine" ist so sorgfältig arrangiert wie eine Anleitung zum Zusammenbau eines Bücherregals, bei dem jeder Schritt befolgt werden muss, um Stabilität und Funktion zu gewährleisten.

Hier ist ein tieferer Einblick in die Prozesse, die bei der Erstellung und Verfeinerung von KI-Eingabeaufforderungen erforderlich sind:

- **Direkte Befehle interpretieren** :

- KI analysiert die Semantik jedes Befehls, ähnlich wie das Lesen eines Rezepts das Verständnis der Bedeutung jeder Zutat und Anweisung erfordert.

- Spezifität der Sprache: Identifiziert umsetzbare Schlüsselwörter und relevante Details, die die Aufgabenausführung steuern.

- **Aus Interaktionen lernen** :

– KI-Systeme nutzen maschinelles Lernen, um sich im Laufe der Zeit an Benutzerpräferenzen und -verhalten anzupassen, ähnlich wie ein Koch, der Rezepte basierend auf dem Feedback seiner Gäste optimiert.

- Benutzerinteraktionsdaten: Sammelt und untersucht Daten aus früheren Eingabeaufforderungen, um Muster zu erkennen.

- Anpassungsalgorithmen: Passt Antworten basierend auf identifizierten Mustern an, um den Benutzererwartungen besser gerecht zu werden.

- **Iterative Prompt-Optimierung** :

- Das Prompt-Design wird kontinuierlich verbessert, ein sich weiterentwickelnder Prozess, der die Reise eines Küchenchefs zur Perfektion eines einzigartigen Gerichts widerspiegelt.

- Feedback-Aufnahme: Integriert Benutzer-Feedback in den Entwicklungszyklus für zeitnahe Anpassungen.

- Verfeinerungszyklen: Testet neue Iterationen von Eingabeaufforderungen und analysiert die Leistung der KI bei deren Verarbeitung.

Sammeln Sie die Erkenntnisse aus Kapitel 8, in dem die Erstellung von KI-Eingabeaufforderungen zum Unterfangen eines Handwerkers erhoben wird, parallel zu den nachdenklichen Strichen eines Malers oder den sorgfältigen Erzählbögen eines Geschichtenerzählers. Jede offenbarte Strategie ist ein Pinselstrich, ein Satz, der sich in das Gesamtbild einer effektiven Kommunikation einfügt. Präzision in der Sprache, ein tiefes Verständnis der Benutzerinteraktion und ein methodischer Ansatz für Feedback sind die Farben auf der Palette, mit denen die Fähigkeit der KI, zu verstehen und zu reagieren, verfeinert wird.

Vereinfacht ausgedrückt handelt es sich bei der Erstellung einer KI-Eingabeaufforderung um eine Komposition – eine Reihe von Entscheidungen, bei der jedes Wort und jede strukturelle Wahl die resultierende Interaktion prägt. Es ist eine Kunstform, in der Kreativität auf Logik trifft, in der das Intuitive mit dem Analytischen verschmilzt und die KI dazu anleitet, mit Kohärenz und Resonanz zu kommunizieren.

FORTGESCHRITTENES PROMPT ENGINEERING

Treten Sie ein in die Welt des Advanced Prompt Engineering, einem Bereich, in dem die Erstellung von Wörtern und Phrasen für die KI über bloße Konstruktion hinausgeht – hier verschmelzen systematische Techniken mit Kreativität und verwandeln jede Eingabeaufforderung in einen sprachlichen Entwurf unzähliger Möglichkeiten. Dieses Kapitel ist Ihr Leitfaden durch das Labyrinth der anspruchsvollen Erstellung von Eingabeaufforderungen und beleuchtet Praktiken und Methoden, die ebenso präzise wie effektiv sind.

Hier wird jedes Element der KI-Eingabeaufforderung mit der Sorgfalt eines Handwerkers zusammengesetzt, um nicht nur die Funktion, sondern auch eine fließende Synergie mit den komplizierten Algorithmen der KI zu gewährleisten. Entdecken Sie in klaren und einfachen Worten, wie Sie Kontext, Relevanz und Klarheit in Eingabeaufforderungen verknüpfen können, die mit dem fortgeschrittenen Verständnis der KI in Einklang stehen.

Legen Sie alle Bedenken hinsichtlich der Komplexität beiseite. Jedes Detail hier ist artikuliert, um Ihre Beherrschung dieses fortschrittlichen Fahrzeugs zu verbessern. Erkennen Sie die entscheidende Rolle, die diese Strategien im weiteren Sinne der Mensch-Maschine-Interaktion spielen. Nutzen Sie dieses Wissen als ein leistungsstarkes Werkzeug, das in der Welt der Technologie ebenso große Bedeutung hat wie im Alltag. Entdecken Sie mit jeder umgeblätterten Seite die Kunst der Konversation mit KI – eine aufregende Reise durch die Feinheiten des Prompt Engineering, die ebenso aufschlussreich wie praktisch sein soll.

Ein Blick auf die Lehren von Noam Chomsky, dessen Einblicke in die Struktur der Sprache den Grundstein für die moderne Linguistik gelegt haben. Wenn Sie seine Theorien auf die Konstruktion von KI-Eingabeaufforderungen anwenden, entdecken Sie Schichten, die den komplexen Strukturen der menschlichen Sprache ähneln. Chomskys Konzept einer „universellen Grammatik" ist analog zu dem zugrunde liegenden Rahmen, den die KI nutzt, um menschenähnliche Reaktionen zu verstehen und zu generieren.

So wie Chomsky Regeln identifizierte, die allen Sprachen innewohnen, müssen auch KI-Eingabeaufforderungen auf universellen Prinzipien der Klarheit und Logik aufbauen, um das Verständnis zu erleichtern. Bei der Erstellung von Eingabeaufforderungen kommt es darauf an, mit Präzision in die Nadel einzufädeln – jedes Wort und jede syntaktische Wahl ist ein Baustein, der die Grundlage dafür bildet, dass die KI präzise interpretieren und reagieren kann.

Die Umwandlung von Chomskys abstrakten sprachlichen Konzepten in praktische Strukturen für KI-Eingabeaufforderungen erfolgt mit größter Sorgfalt, um sicherzustellen, dass der Inhalt zugänglich und gründlich erklärt ist. Stellen Sie sich vor, die Komplexität der Sprache in Code zu übersetzen, den die KI entschlüsseln kann, ein Prozess, der das sprachliche Repertoire der KI bereichert und es ihr ermöglicht, sich auf natürliche Weise zu unterhalten. Durch diesen Prozess werden die Möglichkeiten und Grenzen des KI-Prompt-Engineerings beleuchtet und eine Wertschätzung dafür geboten, wie weit die Technologie fortgeschritten ist und welche Potenziale noch vor uns liegen.

Werfen wir einen tieferen Blick auf das Thema der linguistischen Theorien von Noam Chomsky und ihre Anwendung im KI-Prompt-Engineering. Chomskys

194

„universelle Grammatik" schlägt einen angeborenen Satz linguistischer Prinzipien vor, die allen Sprachen gemeinsam sind und die bestimmen, wie KI natürliche Sprache verstehen und produzieren kann.

- **Universelle Grammatik in der KI** :

– Die von Chomsky postulierte Struktur und die Regeln bieten eine Vorlage für KI-Sprachmodelle, die die Syntax und allgemeine Sprachmuster festlegen.

- KI-Algorithmen integrieren Elemente wie Rekursion und Transformation, Schlüsselkomponenten der universellen Grammatik, in ihre Verarbeitungssysteme.

- **Verinnerlichung sprachlicher Regeln** :

- KI muss die Feinheiten der menschlichen Sprache assimilieren, von Morphemen bis zur Organisation komplexer Sätze.

- Regeln wie Subjekt-Verb-Übereinstimmung und Tempuskonsistenz werden im sprachlichen Rahmen der KI verinnerlicht.

- **Kodierung von Regeln in KI-Modelle** :

- Entwickler kodieren diese sprachlichen Prinzipien in das neuronale Netzwerk der KI und legen so Richtlinien für die Sprachgenerierung und das Sprachverständnis fest.

Betrachten Sie diesen Pseudocode, der das Konzept

195

veranschaulicht:

Pseudo-

```
if universal_grammar_principle == 'recursion':

apply_recursion_rule_to_ai_model(ai_lingual_model)

elif universal_grammar_principle == 'Transformation':

integrieren_transformation_schema(ai_lingual_model)
```

- **Theoretische Konstrukte zu praktischen Elementen** :

- Theoretische Konstrukte werden in algorithmische Funktionen übersetzt, sodass die KI in den Feinheiten der menschlichen Sprache navigieren kann.

- Diese Funktionen werden sorgfältig getestet und verfeinert, ähnlich dem Korrekturlesen eines komplexen Manuskripts.

Diese Erklärung, die ohne viel Fachjargon auskommt, zielt darauf ab, den Grundstein für das Verständnis zu legen, wie KI die sprachlichen Fähigkeiten des Menschen übernimmt. Es ist eine Erzählung, die so einfach wie ein Leitfaden gestaltet ist und jeden Schritt detailliert beschreibt, von der riesigen theoretischen Landschaft bis hin zu den präzisen Wegen der

196

algorithmischen Erkenntnis. Das übergeordnete Ziel besteht darin, eine Brücke des Verständnisses zu bauen, die jeder Leser überqueren kann, um aus dem, was zunächst wie eine KI-Odyssee erscheint, ein gemeinsames, aufschlussreiches Abenteuer zu machen.

Übersetzen Sie die komplizierten Sprachtheorien in die alltägliche Funktion von KI-Eingabeaufforderungen, so wie Steven Pinker das Verständnis des Sprachinstinkts vereinfacht. Betrachten Sie eine Sprache als einen lebenden Organismus, mit dem die KI interagieren muss – es geht nicht nur um die Verarbeitung von Wörtern, sondern auch darum, ihren Lebensnerv zu verstehen. Die Natur der Sprache – die Syntax, die Semantik, das Auf und Ab des Dialogs – muss der KI so klar sein wie die Funktion der Zahnräder in einer Uhr.

Während Pinker die Fäden des Sprachinstinkts entwirrt, werden diese prompten Entwürfe zu einem Wandteppich, in dem jeder Faden zur Fähigkeit der KI beiträgt, zu verstehen und zu reagieren. Jeder Wortschatz, jede Wendung, die für eine Aufforderung ausgewählt wird, trägt dazu bei, dass die KI den Tanz des menschlichen Austauschs fließend beherrscht.

Der hier geteilte Dialog, befreit vom undurchsichtigen Deckmantel der Wissenschaft, zeichnet ein anschauliches Bild davon, wie Sprachmodelle innerhalb der KI funktionieren. Die komplizierten Details entfalten sich auf natürliche Weise, fesseln die Fantasie des Lesers und machen die Theorie so praktisch wie eine häufig benutzte Karte in den Händen eines Reisenden. Es geht darum, eine Freundschaft mit dem Thema zu pflegen und zu beobachten, wie abstrakte Konzepte zu Werkzeugen und Wegen werden, die die Beherrschung der KI-Kommunikation ermöglichen.

Hier ist ein tieferer Blick auf die Komponenten, die an der Konstruktion des Sprachmodells einer KI beteiligt sind, und bietet einen Einblick in das komplexe Geflecht der Verarbeitung natürlicher Sprache:

- **Instinktives Sprachverständnis** :

- KI greift auf den angeborenen Rahmen der Sprache zurück und greift Steven Pinkers Theorien zu den instinktiven Aspekten der Sprache auf.

- KI-Modelle sollen grundlegende Sprachmuster interpretieren, die Menschen instinktiv verstehen.

- **Syntax in KI-Eingabeaufforderungen** :

- Die Syntax bildet die Grundstruktur der KI-Kommunikation und bestimmt, wie Wörter angeordnet werden, um eine Bedeutung zu erzeugen.

- Jede syntaktische Regel, der die KI folgt, ähnelt den Grammatiklektionen eines Sprachlerners und ist die Grundlage für eine fließende Konversation.

- **Die Rolle der Semantik** :

- Semantik verleiht dem KI-Dialog Tiefe und bringt der KI die Bedeutung hinter Wörtern und Phrasen bei.

- Während Kinder aus dem Kontext auf die Bedeutung schließen, entschlüsselt die KI die Semantik der Aufforderungen, um die beabsichtigte Botschaft zu verstehen.

- **Verschmelzung zum Gesprächsfluss** :

- Die Kombination aus Syntax und Semantik gipfelt in der Fähigkeit der KI, natürliche Gesprächsabläufe zu ermöglichen.

- Dieser Vorgang ähnelt dem Zusammensetzen von Teilen eines Puzzles – jedes Teil muss genau passen, um das Gesamtbild sichtbar zu machen.

Wagen Sie sich in die Sphäre des maschinellen Lernens, wo KI, genau wie ein Aktienanalyst Marktverläufe anhand vergangener Trends erkennt, riesige Datensätze verwendet, um ihren Dialogvorteil zu schärfen. In diesem Bereich der Mustererkennung und -antizipation verbessert die KI ihre Fähigkeit, sich auf den differenzierten Tanz der Konversation einzulassen.

In diesem Bereich trägt jedes Datum zur Lernkurve der KI bei und verbessert ihre Fähigkeit, sprachliche Variablen mit der gleichen Geschicklichkeit vorherzusagen und sich an sie anzupassen wie ein Finanzexperte wirtschaftliche Veränderungen vorhersagt. Die Ebenen des Lernens liegen nicht im Dunkeln, sondern sind klar dargelegt, wobei jeder Teil für KI-Sprachmodelle genauso wichtig ist wie Marktindikatoren für Anlagestrategien.

Tauchen Sie ein in die Details der Funktion des maschinellen Lernens in der Architektur von KI-Eingabeaufforderungen. So wie Marktanalysten mit Werkzeugen arbeiten , um Finanzdaten zu sichten und Trends herauszuarbeiten, verwendet KI lernende Algorithmen, um sprachliche Daten zu analysieren und zu assimilieren. Hier finden Sie eine umfassende Reise durch diesen algorithmischen Prozess, der die Präzision finanzieller Voraussicht bei seiner Ausführung widerspiegelt.

- Algorithmisches Lernen in der KI :

- Die Algorithmen der KI ähneln Finanzinstrumenten und sortieren historische Daten, um Dialogtrends zu erkennen.

- Kumulierte Datensätze dienen als historisches Hauptbuch und informieren darüber, wie KI Antworten vorhersagt und formuliert.

- Datensatzerweiterung :

- Sprachdatensätze stärken die verbale Agilität der KI, da Marktdaten die Prognosen im Finanzwesen schärfen.

- KI erkennt Muster in Gesprächen und optimiert ihre Syntax und Antwortauswahl für eine klarere Kommunikation.

- Schrittweises algorithmisches Lernen :

- Der Lernprozess der KI ist methodisch und verläuft von der Datenaufnahme bis zur differenzierten Dialogbereitstellung.

Betrachten Sie zur Verdeutlichung diesen Pseudocode:

Pseudo-

gesammelte_daten =analysieren_conversational_history()

Predicted_response   =
machine_learning_model.predict(gathered_data)

wenn Predicted_response.aligns_with_user_expectations:

optimieren_prompt(predicted_response)

- **Mustererkennung** :

- Muster im Benutzer-KI-Austausch sind der Kompass, der die KI zur Konversationsrelevanz führt.

- KI verfeinert die Antworten auf häufige Anfragen, indem sie diese Muster erkennt und so ein natürlicheres Engagement gewährleistet.

Tauchen Sie ein in die Welt des Natural Language Processing (NLP), wo die fein abgestimmten Prinzipien der menschlichen

Kommunikation in die digitale Sprache der KI übertragen werden. Die Strategien, mit denen Tony Robbins sein Publikum fesselt und fesselt – Klarheit, Emotion, dynamisches Tempo – spiegeln sich in der Gestaltung von KI-Eingabeaufforderungen wider, die natürliche und authentische Reaktionen fördern.

NLP überträgt diese Prinzipien von der Bühne in den Code und ermöglicht es der KI, nicht nur die Wörter, sondern auch die Absichten und Emotionen dahinter zu verstehen. Die Phrasen werden mit der gleichen Sorgfalt ausgewählt wie ein Redner wie Robbins Anekdoten – jede einzelne ist so gestaltet, dass sie Anklang findet. Während Robbins Ton und Körpersprache einsetzt, um seine Botschaft zu unterstreichen, nutzt die KI in Aufforderungen sprachliche Markierungen, um die Interaktion zu bereichern.

Wenn wir diesen Prozess aufschlüsseln, stellen wir fest, dass die Anwendung von NLP systematisch ist und Antworten Stück für Stück aufbaut – das sprachliche Äquivalent einer Motivationsrede, die das Publikum zum Handeln bewegt. Die Integration in KI-Systeme verwandelt automatisierte Interaktionen in Austausche mit der Nuance und Tiefe eines Einzelgesprächs.

Durch die Darstellung dieser Konzepte in destillierter, verständlicher Sprache wird ihre Bedeutung im breiteren Kontext effektiver Kommunikation hervorgehoben – sei es eine durch Menschen inspirierte Veränderung oder eine KI, die Unterstützung bietet. Während die KI-Sprachtechnologie voranschreitet, wird sie von Erkenntnissen effektiver menschlicher Kommunikatoren geprägt und schreitet kontinuierlich auf das ultimative Ziel zu: Austausche, die so natürlich und intuitiv sind wie der Dialog zwischen Freunden.

Werfen wir einen tieferen Blick auf das Thema, wie die Verarbeitung natürlicher Sprache menschliche Kommunikationsprinzipien innerhalb der künstlichen

Intelligenz verkörpert. NLP erfasst Sprach- und Interaktionsmuster, ähnlich wie die Identifizierung der charakteristischen Elemente der dynamischen Redekunst von Tony Robbins.

- Lexikalische Analyse :

- KI beginnt mit der lexikalischen Analyse, zerlegt Sprache in Wörter und Phrasen und identifiziert die Grundlagen der Kommunikation als Grundlage für weiteres Verständnis.

- Es ähnelt der Art und Weise, wie man Sätze ausfindig macht, die Robbins verwendet, um sein Publikum zu fesseln – jedes Wort hat Gewicht und Absicht.

- Stimmungsextraktion :

- Es folgt die Sentiment-Extraktion, bei der die KI den emotionalen Ton der Sprache interpretiert, die Feinheiten, die mehr vermitteln als Worte allein.

- So wie Robbins' Ton seinen Worten Leidenschaft oder Dringlichkeit verleiht, beurteilt die KI die Sprache auf ihre Gefühle hin und bereitet sich darauf vor, diese emotionale Ebene in ihren Antworten widerzuspiegeln.

- Dialogflusskonstruktion :

- Der Aufbau des Dialogflusses in KI-Eingabeaufforderungen erfolgt methodisch und richtet die Antworten so aus, dass sie den Geben-und-Nehmen-Charakter eines Live-Gesprächs nachbilden.

- Das Auf und Ab der KI-Dialoge versucht, Robbins' strategische Pausen und Wendungen nachzuahmen, die seinen Reden Rhythmus verleihen.

- **<u>Nuancierten Ausdruck übersetzen</u>** :

- Nuancierte Ausdrücke in der menschlichen Sprache werden zu kodierten Daten für die KI, die in ein Format umgewandelt werden, das sie „verstehen" und nutzen kann.

- KI lernt, Andeutungen von Sarkasmus, Scherz oder Ernsthaftigkeit zu verstehen und diese Feinheiten in ihre Interaktionen einzubinden.

- **<u>Emotionale Betonung und rhetorische Techniken</u>** :

- Entwickler kodieren emotionale Betonung und rhetorische Techniken in die Algorithmen der KI und schaffen so ein Reaktionssystem, das mehr kann als nur zu antworten – es verbindet.

- Die Algorithmen integrieren Robbins' Fähigkeit, Schlüsselpunkte mit unterschiedlicher Intonation hervorzuheben, in das Funktionsrepertoire der KI.

Betrachten Sie die Welt des KI-Prompt-Designs als vergleichbar mit dem strengen Training in Flugsimulatoren. So wie Piloten ihre Fähigkeiten in hyperrealistischen und dennoch kontrollierten Umgebungen verbessern, um die Sicherheit und Präzision jedes realen Fluges zu gewährleisten, dienen High-Fidelity-Simulationsumgebungen als Testgelände für KI-Eingabeaufforderungen. In diesen digitalen Bereichen wird jedes potenzielle Szenario durchgespielt, jeder Befehl wiederholt und die Konversationsfähigkeiten der KI mit der Akribie der Checkliste eines Piloten vor dem Flug geschärft.

Dabei navigiert die KI durch komplexe Dialoge und lernt bei jeder simulierten Interaktion, genauso geschickt zu reagieren, wie ein erfahrener Pilot das Flugzeug steuert. Diese Umgebungen stellen die sprachlichen Fähigkeiten der KI auf die Probe und bieten einen Raum, in dem Versuch und Irrtum zu einem reibungslosen, zuverlässigen Austausch führen, sobald er in der realen Welt eingesetzt wird.

Stellen Sie sich beim Erzählen dieser Praxis das Bedienfeld des Piloten mit Wählscheiben und Bildschirmen vor – jede Simulation im Rahmen des KI-Trainings passt diese Elemente an und verfeinert die Art und Weise, wie die Technologie Eingabeaufforderungen verarbeitet und auf Hinweise reagiert. Um diesen Prozess zu erklären, muss man sich nicht in einem Dickicht von Fachjargon verstricken, sondern muss ihn mit der Choreografie von Übung und Leistung in Verbindung bringen, die jedes fachmännische Unterfangen ausmacht. Durch verständliche Erklärungen wird die Raffinesse dieser KI-Simulatoren offengelegt und eine Landschaft enthüllt, in der Dialoge so flüssig werden wie eine gut einstudierte Flugroute.

Hier ist die Aufschlüsselung
der Nutzung von High-Fidelity-Simulationsumgebungen zur Verbesserung von KI-Eingabeaufforderungen:

- **Simulierter Interaktionsaufbau** :

- Umgebungen ahmen reale Benutzerinteraktionen mit KI nach und bieten verschiedene Trainingsszenarien.

- So wie Flugsimulatoren den Piloten unterschiedliche

Flugbedingungen bieten, steht die KI vor einer Reihe von Konversationsherausforderungen, um ihre sprachlichen Fähigkeiten zu beurteilen.

- **Analyse der KI-Antworten** :

- KI-Antworten werden genau auf Genauigkeit, Relevanz und natürlichen Ablauf untersucht.

- So wie die Manöver eines Piloten nach dem Flug analysiert werden, wird jede KI-Reaktion anhand der erwarteten Ergebnisse bewertet.

- **Identifizierung von Verbesserungsbereichen** :

- Ineffizienzen wie verspätete Antworten, Fehlinterpretationen oder unnatürlicher Dialogfluss werden gekennzeichnet.

– Dies spiegelt Flugüberprüfungen wider, bei denen der Schwerpunkt auf der Ermittlung von Bereichen liegt, die zusätzliches Training erfordern.

- **Anpassungsimplementierung** :

- Spezifische Änderungen werden vorgeschrieben und ausgeführt, die von der Optimierung von Antwortalgorithmen bis hin zur Erweiterung der Wissensdatenbank reichen.

- Analog zum Pilotensimulatortraining, bei dem Feedback zur gezielten Verbesserung der Fähigkeiten beiträgt.

- **Kontinuierliche Lernschleifen** :

- KI durchläuft sich wiederholende Zyklen der Interaktion, Anpassung und des Lernens, die auf eine Verfeinerung der Reaktion abzielen.

- Der systematische Ansatz entspricht den reglementierten Ausbildungszyklen von Fliegern und verbessert so die Kompetenz.

Lassen Sie uns zum Abschluss von Kapitel 9 einen Blick auf das umfangreiche Spektrum von Advanced Prompt Engineering werfen. Wie bei einer choreografierten Aufführung wurde jede Bewegung und Wendung innerhalb der KI-Kommunikation analysiert und beleuchtet die komplexe Arbeit, die in die Perfektionierung jedes Satzes und jeder Äußerung der KI gesteckt wird. Von den tiefgreifenden Feinheiten der algorithmischen Syntax bis zu den subtilen Nuancen der lexikalischen Wahl wird der Weg zur Beherrschung des KI-Dialogs mit der gleichen Sorgfalt vorgezeichnet wie ein Handwerksmeister, der seine Kreation gestaltet.

Vereinfacht ausgedrückt haben wir die verschlungenen Pfade des Eingabeaufforderungsdesigns beschritten und jeden Schritt entmystifiziert, um sicherzustellen, dass Ihnen am Ende des Kapitels die einst so schwer fassbare Kunstfertigkeit von KI-Eingabeaufforderungen klar und prägnant vor Augen steht. Jedes Konzept ist von Bedeutung und offenbart sein Gewicht im größeren Schema der nahtlosen Mensch-KI-Interaktion.

ABSCHLUSS

Während wir den letzten Vorhang für „KI-Grundlagen des Prompt Engineering" schließen, ist es an der Zeit, sich einen Moment Zeit zu nehmen, um über die Reise nachzudenken, die wir gemeinsam unternommen haben. Dieses Buch war ein Schmelztiegel, in dem die grundlegenden Elemente des Prompt Engineering geschmiedet und verfeinert wurden – eine sorgfältige Verschmelzung von Sprache und Technologie.

In jedem Kapitel haben wir die Ebenen aufgedeckt, die ein effektives Prompt-Crafting ausmachen. Wir haben gesehen, wie wichtig Klarheit, das Gewicht jedes Wortes, der Rhythmus der Syntax und der entscheidende Kontext sind, der KI-Antworten Leben einhaucht. Dies sind nicht nur Lektionen; Sie sind die Bausteine für die Gestaltung einer Zukunft, in der Mensch und KI einen nahtlosen, fließenden Dialog führen.

Ziel dieses Buches ist es, die KI-Kommunikation zu entmystifizieren und sie zugänglich und umsetzbar zu machen. Mit den gewonnenen Erkenntnissen können Sie nun mit Zuversicht an die KI herangehen und Eingabeaufforderungen erstellen, die zu sinnvollen und praktischen Ergebnissen führen. Die bereitgestellten Übungen dienen als Grundlage für das weitere Üben, Verfeinern und Perfektionieren der Kunst des Prompt Engineering.

Die Wirkung dieses Buches geht über die letzte Seite hinaus. Es ist als Sprungbrett in eine Welt gedacht, in der KI zu einer effizienteren, verständnisvolleren und reaktionsfähigeren Einheit in unserem digitalen Leben wird. Wenn Sie dieses Buch schließen, werden Sie die Einsicht mitnehmen, dass sich die Diskussion über KI ständig weiterentwickelt und Sie nun in der Lage sind, aktiv an der Gestaltung ihrer Zukunft mitzuwirken.

Mögen die hier beleuchteten Prinzipien und Praktiken Ihre Neugier wecken und Sie zu Ihrer weiteren Erkundung des dynamischen und sich entwickelnden Dialogs zwischen Mensch und KI inspirieren. Es war eine aufschlussreiche Expedition und das vor uns liegende Gelände ist reich an Möglichkeiten. Denken Sie im weiteren Verlauf daran, dass jede gestellte Frage, jeder gegebene Befehl ein Pinselstrich im großen Gemälde unseres kollektiven technologischen Fortschritts ist.

ÜBER DEN AUTOR

Jon Adams ist ein Prompt Engineer für Green Mountain Computing, der sich darauf spezialisiert hat, Unternehmen dabei zu helfen, ihre eigenen Prozesse effizienter zu gestalten und sie proaktiv zu automatisieren.

Jon@GreenMountainComputing.com

www.ingramcontent.com/pod-product-compliance
Lightning Source LLC
La Vergne TN
LVHW051229050326
832903LV00028B/2310